大國核心

辛鳴 著

總策劃

彭國華

顧　問

何毅亭　陳先達　孫正聿　韓慶祥

何毅亭　中共中央黨校常務副校長

　　人民日報出版社圍繞構建中國話語、講好中國故事，策劃出版「中國夢・中國道路」系列圖書，是及時的，也是具有重大意義的。

　　二〇一七年十月，我們黨召開了十九大，習近平總書記代表中央委員會向大會做報告，在總結黨的十八大以來五年成就的基礎上，宣告中國特色社會主義進入新時代，並且系統闡述了作為黨的指導理論的習近平新時代中國特色社會主義思想。這篇報告，是我們黨的政治宣言，也是我們黨的行動綱領，更是我們黨的經驗總結，是我們構建中國話語、講好中國故事的基本遵循。

　　習近平總書記二〇一六年五月在全國哲學社會科學工作座談會上的講話，集中闡述了構建中國特色哲學社會科學的學科體系、學術體系、話語體系等問題，強調要對當代中國的偉大社會變革進行總結，不僅要讓世界知道「舌尖上的中國」，還要讓世界知道「學術中的中國」「理論中的中國」「哲學社會科學中的中國」，讓世界知道「發展中的中國」「開放中的中國」「為人類文明做貢獻的中國」。這個要求是非常明確、非常具體的。

　　改革開放四十年來，隨著中國經濟社會不斷取得長足發展，國際社會越來越願意閱讀中國故事，越來越願意傾聽中國聲音，越來越願意學

習中國智慧。黨的十八大以來的幾年尤其如此。為什麼？就是因為存在著「西方之亂」和「中國之治」的分野，有志之士都希望一探究竟，都希望瞭解「發展中的中國」「開放中的中國」「為人類文明做貢獻的中國」到底是怎麼回事。

「西方之亂」是一種客觀描述。二〇〇八年國際金融危機爆發以來，西方國家經濟復蘇乏力，至今仍然沒有擺脫低迷的窘境。何去何從，以美國為首的西方大國給出的方案是「本國優先」；「逆全球化」蔚然成風；一系列貿易保護主義措施紛紛出臺。與此同時，西方大國社會階層族群分裂、民粹主義抬頭。在應對國際國內突出問題上，西方各國政府普遍力不從心、改革乏力，甚至推卸責任、轉嫁危機。

與「西方之亂」形成鮮明對比的是，黨的十八大以來，以習近平同志為核心的黨中央，舉旗定向、運籌帷幄，統籌推進「五位一體」總體布局，協調推進「四個全面」戰略布局，提出一系列具有開創性意義的新理念新思想新戰略，出臺一系列重大方針政策，推出一系列重大舉措，推進一系列重大工作，解決了許多長期想解決而沒有解決的難題，辦成了許多過去想辦而沒有辦成的大事，著力推進國家治理體系和治理能力現代化，推動黨和國家事業發生深刻的歷史性變革，也為解決人類問題、完善全球治理體系貢獻了中國智慧和中國方案。這就是既造福中國也造福世界的「中國之治」。

正如習近平總書記所要求的，要成功推進並向世界講好「中國之治」，就要積極構建中國話語體系。構建中國話語體系，目的是與中國國際地位的提高相適應，客觀展現中國革命、建設、改革的成果，以理論、經驗和事實向世界提供發展方案，為促進各國共同繁榮貢獻智慧。構建中國話語體系，需要對西方話語體系進行科學辨析、理性批判，有理有據駁斥西方話語體系對中國和其他發展中國家的偏見，切實改變「西強我弱」的國際輿論格局，消除基於西方中心論的話語對中國形象

的歪曲，以事實為依據傳播真實的中國資訊，並推動形成健康的國際輿論氛圍。

「中國夢‧中國道路」系列圖書，從哲學、歷史、外交、經濟、文化等多個維度，以理性的分析、翔實的資料、雄辯的事實、生動的故事談中國、論世界，是國內外讀者瞭解國際局勢及中國發展道路的重要參考，有利於傳遞中國聲音、塑造中國負責任大國形象，具有較高的理論價值和現實意義，能為構建中國話語體系、增強中國的國際話語權做出有益貢獻。這套叢書的作者，包括韓震、王義桅、辛鳴、陳曙光、蘇長和等，都是中國哲學社會科學領域的知名學者，有的還是很有潛力的青年才俊。他們的研究和建樹，保證了這套叢書的高度、深度和權威性。

我很高興向廣大讀者推薦這套叢書。

用偉大成就偉大

　　習近平總書記指出：「在新的時代條件下，我們要進行偉大鬥爭、建設偉大工程、推進偉大事業、實現偉大夢想」，豪邁的話語在令人振奮，催人奮進的同時，也給中國共產黨和中國社會提出了一個嚴肅的課題，我們如何才能真正做到、做好「四個偉大」。

　　世間之事能擔得起一個「大」字已屬不易，前面再加上一個「偉」更屬難得。偉大者，不僅意味著有開天闢地之行動，更有改天換地之覺悟。偉大不囿於一己之私利，不留戀於小我之滿足，而是廓然大公，是民胞物與，情順萬物而沒有自己的私情，心普萬物而沒有自己的私心，以其「無我」始能成就「大我」；偉大不是因循守舊，不是做歷史的尾巴，跟在歷史後面跑，而是引領歷史發展趨勢與潮流，走別人沒有走過的路，做前人沒有去做的事。用馬克思主義的話講，就是集合規律性與合目的性於一身，集歷史與未來於一體，行動是體現進步趨勢的行動，作為是彰顯價值光輝的作為。也正因為如此，偉大雖然稀缺但不可或缺，偉大讓世界有新的可能、新的希望，甚至新的意義。一個沒有偉大的社會是不會產生奇跡的社會，一個回避偉大的社會是沒有希望的社會。

「四個偉大」就是這樣的偉大。

偉大鬥爭儘管在不同的歷史時期會呈現出不同的歷史特點，像當下中國共產黨就要隨時準備進行許多具有新的歷史特點的偉大鬥爭，但這些鬥爭說到本質上仍然是真與假、善與惡、好與壞、進步與反動、文明與野蠻的鬥爭，不要把市場經濟中的競爭，把人民內部的矛盾與我們進行的偉大鬥爭混淆，更不要以那些鬥爭形式為藉口避談偉大鬥爭的客觀必要。

通過全面從嚴治黨，通過自我淨化、自我完善、自我革新、自我提高，把一個有著八千九百多萬成員的大黨，把一個奮鬥近百年、執政近七十年的政治組織，把一個要帶領中國社會從大國走向強國進而實現偉大復興的領導核心建設成世界上最強大的政黨，這是何等偉大的工程，世界上還有哪一個政黨能做到？

中國特色社會主義讓近代以來久經磨難的中華民族實現了從站起來、富起來到強起來的歷史性飛躍，讓社會主義這一馬克思主義經典作家的偉大構想在中國煥發出強大生機活力並不斷開闢發展新境界，讓世界上發展中國家走向現代化多了一條更加光明、更具現實性的坦途，為解決人類問題貢獻出中國智慧、提供了中國方案，這又是多麼偉大而又壯麗的事業。中國特色社會主義前無古人，但來者多多。

讓一個有著五千年文明歷史卻又飽含滄桑的民族煥發生機走向現代化，讓一個占世界近五分之一人口的發展中大國走向富強，這本身就是對人類社會做出的「較大貢獻」。更重要的是中華民族的偉大復興又是文明的復興，中國夢通向了世界夢，經過創造性轉化和創新性發展，事實上也為人類社會貢獻出一種新的文明、新的選擇、新的希望，這可以稱得上是「更大貢獻」。一個包含著雄心壯志的夢想本已偉大，一個已經開始照進現實，越來越近的夢想更加偉大。

對於中國共產黨來說，偉大絕不是華麗的詞彙和動聽的話語，而是

一種使命、一種責任、一種擔當。中國共產黨從成立之日起就把共產主義作為遠大理想寫在黨的旗幟上，就把實現中華民族偉大復興的重任擔在肩上，就把全心全意為人民服務牢牢銘記在心中。實現這樣的理想、完成這樣的重任、踐履這樣的宗旨需要的是奉獻、是犧牲，非有大覺悟、大擔當不能如此也不願如此。黨的十八大以來，我們之所以能站到歷史的新起點上，中國特色社會主義之所以能進入了新的發展階段，就在於以習近平同志為核心的黨中央以一種偉大的精神、偉大的意志帶領中國社會進行偉大鬥爭、建設偉大工程、推進偉大事業、實現偉大夢想。

一個勇於偉大的政黨是能讓人民信賴的政黨，一個敢於偉大的政黨是能帶領人民創造奇跡的政黨。在這樣一個偉大政黨的領導下，我們的偉大鬥爭必將贏得新勝利，偉大工程必將取得新成果，偉大事業將更輝煌，偉大夢想更貼近。

目錄
CONTENTS

第三章　組織凝聚

第四章　制度鑄就

政黨品格篇

第五章　政治覺悟

第六章　人民立場

第七章　民族情懷

第八章　世界眼光

第九章　革命精神

第十章　一以貫之

自我革命篇

第十一章　勇於創新

第十二章　敢於鬥爭

第十三章　走向新時代

結語

第一章　思想引領

第一節　二十一世紀中國的馬克思主義

　　偉大的時代呼喚偉大的理論，偉大的實踐也孕育偉大的理論。黨的十八大以來，以習近平同志為核心的新一代中國共產黨人開闢了中國特色社會主義的新實踐新局面新境界，形成了一系列治國理政新理念新思想新戰略，所有這一切集中體現於習近平新時代中國特色社會主義思想中。習近平新時代中國特色社會主義思想回應時代聲音，順應人民期待，譜寫了馬克思主義的新篇章，譜寫了中國特色社會主義的新篇章，充分彰顯出二十一世紀中國馬克思主義的理論品格與實踐品格。

一、馬克思主義中國化最新成果

　　馬克思主義是中國共產黨和中國社會的指導思想，但指導中國共產黨和中國社會的從來不是抽象的馬克思主義本本，不是固化的馬克思主義教條，而是把馬克思主義中國化後的中國的馬克思主義。

　　中國共產黨九十七年的歷史就是一部馬克思主義中國化的歷史。馬克思主義中國化究其根本就是站在時代的潮頭，把馬克思主義與中國實際相結合，把馬克思主義理論與中國實踐相結合。每一個時代都有屬於那一時代的中國馬克思主義。

　　以毛澤東同志為代表的第一代中國共產黨人從二十世紀上半葉始，把馬克思主義與中國革命具體實踐相結合，形成了毛澤東思想，實現了馬克思主義中國化的第一次飛躍，從此中國有了指導取得革命成功和開拓社會主義道路的自己的馬克思主義；以鄧小平同志、江澤民同志、胡

錦濤同志等為代表的新時期中國共產黨人從二十世紀七〇年代起，把馬克思主義與中國改革發展建設的具體實踐相結合，形成了包括鄧小平理論、「三個代表」重要思想、科學發展觀在內的中國特色社會主義理論體系，實現了馬克思主義中國化的一次又一次飛躍，中國改革發展建設有了自己的理論旗幟。

進入二十一世紀以來，在時代步伐越來越強勁、越來越迅捷的脈動中，中國社會也站在了新的歷史方位上。習近平總書記指出：「要跟上時代前進步伐，就不能身體已進入二十一世紀，而腦袋還停留在過去。」這番話本來是講國際關係的，但用在馬克思主義中國化上同樣一語中的。新時代、新實踐當然要造就馬克思主義新形態。

二十一世紀的時代特徵在發生著深刻變化，世界歷史的特點更為凸顯。首先，全球政治經濟深度交融又問題紛爭，合作中有隔閡，對抗中有諒解；文化爭論背後是政治訴求，環境糾紛根本在利益算計，世界各國、各經濟體、各社會組織關係的錯綜複雜程度是十九至二十世紀難以想像的。同時，現代科技進步、特別是以互聯網為代表的資訊化技術推動著社會形態和社會發展方式深刻轉型，新的組織形態、新的生產形態、新的消費形態乃至新的人與人、人與社會、人與自然的關係形態等等，都不斷湧現，開始塑造全新社會結構與社會意義。更重要的是，西方資本主義內生矛盾的蔓延激化與中國特色社會主義的實踐奇跡使得社會主義與資本主義這兩種社會形態的攻守態勢發生微妙變化。先前的金融危機、其後的難民問題以及美國大選奇聞逸事的頻發等等，表明至少在心理上傳統資本主義志得意滿的那種自信開始消退，人類歷史終結的論調風光不再。而中國社會對內大刀闊斧的壯士斷腕、刮骨療毒，對外倡導「一帶一路」、構建人類命運共同體，透露出來的卻是一種由內到外的自信與從容。

當代中國發展的歷史方位也面臨著重大轉換。經過六十餘年的一以

貫之，特別是三十多年的高歌猛進，中國特色社會主義進入了新時代，中國開始了從追隨大國到引領大國的角色轉變，從快速發展到全面發展的模式跨越，從大國向強國邁進的發展階段躍遷。中國經濟實力、科技實力、國防實力、綜合國力進入世界前列，國際地位實現了前所未有的提升，黨的面貌、國家的面貌、人民的面貌、軍隊的面貌、中華民族的面貌發生了前所未有的變化，中華民族開始以嶄新姿態屹立於世界的東方。

——中國不再是簡單地跟在西方大國後面亦步亦趨的欠發達國家，不再是市場經濟與國際慣例的學徒，而是作為極具活力的發展中大國為世界經濟領跑，為世界格局整容。「世界第二」「世界經濟火車頭」「從沉睡中醒來的獅子」「國際博弈新玩家」等這些稱謂與描述，正是對這一角色轉變的形象表達。

——中國也不再停留於單打一的經濟建設，以經濟建設為中心沒有改變，但「中心」要與「全面」並駕齊驅，發展重心從狹義的經濟發展拓展到了政治、文化、社會、生態全方位的發展。

——量的積累謂之大，質的提升方是強。中國已毫無疑問是世界大國了，但邁向世界強國尚需時日，更需努力，關鍵是還要有新作為。通往大國的舊船票是登不上強國這艘新船的。

正是立足於對二十一世紀時代特徵的深刻洞察和當代中國發展方位的科學判斷，以習近平同志為代表的新一代中國共產黨人不丟「老祖宗」注重說「新話」，在堅定不移堅持馬克思主義基礎上，又不斷發展和創新馬克思主義。習近平新時代中國特色社會主義思想以宏大的戰略眼光勾勒出二十一世紀中國和二十一世紀社會主義的前途命運，以科學的理論邏輯回答了新一代馬克思主義者面對的時代課題與實踐挑戰，具體來說就是「新時代堅持和發展什麼樣的中國特色社會主義、怎樣堅持和發展中國特色社會主義」這一基本問題，以其對歷史經驗的深刻總

結，對歷史規律的深刻揭示，對現實問題的深入分析，對未來發展的深入思考，實現了馬克思主義在二十一世紀中國的新飛躍，當之無愧地成為馬克思主義中國化的最新成果。

二、中國特色社會主義理論體系最新成果

堅持和發展中國特色社會主義，是中國共產黨人的莊嚴使命，也是中國共產黨人對中國人民的鄭重承諾。但這同時又是一項長期的艱巨的歷史任務，是一條前人不僅沒有走過甚至都沒能詳細描繪過的新路。關於建設什麼樣的社會主義、怎樣建設社會主義這個根本問題，雖然早已經破題但遠未結題。完成使命、兌現承諾，必須勇於實踐、勇於變革、勇於創新，以中國改革開放和現代化建設的實際問題、以我們正在做的事情為中心，著眼馬克思主義理論的運用，著眼對實際問題的理論思考，著眼新的實踐和新的發展。

經過數代中國共產黨人的理論自覺，經過中國社會三十多年的實踐孕育，以鄧小平理論、「三個代表」重要思想、科學發展觀為主要內容的中國特色社會主義理論體系已蔚為壯觀，成為系統完備的科學理論體系。但中國特色社會主義理論體系是完備的理論體系，也是開放的理論體系，當然也要隨著實踐的深化、時代的演進不斷創新發展，以反映實踐訴求，來彰顯時代精神。習近平總書記指出：「堅持和發展中國特色社會主義是一篇大文章，鄧小平同志為它確定了基本思路和基本原則，以江澤民同志為核心的黨的第三代中央領導集體、以胡錦濤同志為總書記的黨中央在這篇大文章上都寫下了精彩的篇章。現在，我們這一代共產黨人的任務，就是繼續把這篇大文章寫下去。」

黨的十八大以來，以習近平同志為核心的新一代中國共產黨人直面新情況、聚焦新發展、擔當新使命，實踐在創新、制度在創新、理論也

在創新。比如，「中國夢」的提出，以其通俗親和的話語表達方式給當代中國社會和中國人民一個既能有憧憬有超越，又能看得見摸得著的目標，一個既科學崇高又喜聞樂見的理想，讓中國特色社會主義更加親和、更加清晰、更加具體，打造出了中國特色社會主義的「大眾版」。再比如，「四個全面」戰略新布局，全面建成小康社會、全面深化改革、全面依法治國、全面從嚴治黨，相互支撐、相互促進，既描繪了美好藍圖，又規劃出了路線圖時間表，讓中國特色社會主義在「四個全面」中高歌猛進；又比如，創新、協調、綠色、開放、共享的新發展理念深化了對中國特色社會主義發展規律的認識，豐富了對中國特色社會主義發展內涵的認識，強化了對中國特色社會主義發展價值的追求；還比如，「一帶一路」「新型大國關係」「中拉時間」「歡迎搭中國發展的便車」等一連串的新話語勾勒出了中國特色社會主義和平發展道路的新圖景，貢獻出了處理當代國際關係的中國智慧和完善全球治理的中國方案，等等。這一系列內容都生動完整地體現在習近平新時代中國特色社會主義思想中。

這一偉大思想提出了新時代堅持和發展中國特色社會主義的總目標、總任務、總體布局、戰略布局和發展方向、發展方式、發展動力、戰略步驟、外部條件、政治保證等一系列重大觀點。這就是十九大報告中的「八個明確」：明確堅持和發展中國特色社會主義，總任務是實現社會主義現代化和中華民族偉大復興，在全面建成小康社會的基礎上，分兩步走在二十一世紀中葉建成富強民主文明和諧美麗的社會主義現代化強國；明確新時代中國社會主要矛盾是人民日益增長的美好生活需要和不平衡不充分的發展之間的矛盾，必須堅持以人民為中心的發展思想，不斷促進人的全面發展、全體人民共同富裕；明確中國特色社會主義事業總體布局是「五位一體」、戰略布局是「四個全面」，強調堅定道路自信、理論自信、制度自信、文化自信；明確全面深化改革總目標

是完善和發展中國特色社會主義制度、推進國家治理體系和治理能力現代化；明確全面推進依法治國總目標是建設中國特色社會主義法治體系、建設社會主義法治國家；明確黨在新時代的強軍目標是建設一支聽黨指揮、能打勝仗、作風優良的人民軍隊，把人民軍隊建設成為世界一流軍隊；明確中國特色大國外交要推動構建新型國際關係，推動構建人類命運共同體；明確中國特色社會主義最本質的特徵是中國共產黨領導，中國特色社會主義制度的最大優勢是中國共產黨領導，黨是最高政治領導力量，提出新時代黨的建設總要求，突出政治建設在黨的建設中的重要地位。

習近平新時代中國特色社會主義思想在深刻思考並回答著什麼是中華民族的偉大復興，如何實現中華民族偉大復興這一根本問題的同時，對中國共產黨應該有什麼樣的擔當，中國的國家治理應該走什麼樣的路，中國與世界應該是什麼樣的關係等等，時代對中國特色社會主義提出的重大理論與現實問題做出了更進一步的科學回答。這些理論創新構成了中國特色社會主義理論體系的最新成果，也豐富和發展了中國特色社會主義理論體系。

三、指導具有許多新的歷史特點的偉大鬥爭的鮮活的馬克思主義

馬克思主義中國化不是為了裝點門面，不能變成只是拿在手上的箭，連說「好箭」就是不發射。好箭是用來打靶射「的」。馬克思主義中國化就是要拿「馬克思主義」這個「矢」來射中國這個「的」，解決中國的問題。

隨著中國共產黨治國理政進入新的境界，中國特色社會主義事業高歌猛進，中國社會毫無懸念地邁上了中等發達國家的臺階，一個全球性

的大國巍然屹立於世界東方。但是正如鄧小平同志當年指出的「發展起來以後的問題不比不發展時少」，甚至可能更複雜、更棘手。

比如，進入經濟發展新常態意味著我們過去已經熟悉的、習慣的、用得很好的辦法不再管用也不再能用，墨守成規、因循守舊不僅不可能實現有效的發展還會帶來嚴峻的經濟問題、環境問題乃至社會政治問題；再比如，改革進入深水區、地雷陣，容易的、皆大歡喜的改革已經完成，好吃的肉都吃掉了，剩下的都是難啃的硬骨頭，全面深化改革需要硬碰硬，需要再殺出一條血路；還比如，在市場經濟的環境中保持政黨的偉大光榮正確，政黨成員的先進優秀，不僅要「洗洗澡、出出汗」，還需要壯士斷腕、刮骨療毒以期浴火重生，等等。這些都是擺在中國共產黨面前的新問題、難問題，甚至可以說是危機、是風險、是挑戰。

更需要警覺的是，我們一些同志為過去的成就所驕傲，為眼前的成果所陶醉，小富即安，故步自封，無意識甚至不願意正視繁榮背後的隱憂。習近平總書記曾多次引用古人一句話：「天下之患，最不可為者，名為治平無事，而其實有不測之憂。坐觀其變而不為之所，則恐至於不可救。」迎面而來的危機並不可怕，意識不到危機，不願意正視危機、不準備應對危機才是最大的危機。中國共產黨帶領中國社會從大國邁向強國，既要持之以恆地堅韌前行，更要經歷「驚險的一躍」。馬克思的這個比喻對今日的中國共產黨來說恰如其分。躍過去了一片光明，躍不過去則一敗塗地。

如何實現這「驚險的一躍」，不能沉迷於田園牧歌，不能指望巧舌如簧，不要幻想一團和氣，而要隨時準備進行具有許多新的歷史特點的偉大鬥爭：維護國家主權的鬥爭，反分裂的鬥爭；有硝煙的軍事鬥爭，沒有硝煙的意識形態鬥爭；看得見的經濟政治鬥爭，看不見的文化價值觀鬥爭；反顛覆、與不懷好意對手的鬥爭，反腐敗、與自身不良現象的

鬥爭，等等。這些鬥爭是不以我們的意志為轉移，不會因為我們不去講它就消失。戰士情懷、勇於鬥爭則危機迎刃而解，鴕鳥心態、逃避鬥爭則問題養癰遺患。

黨的十八大以來，以習近平同志為核心的新一代中國共產黨人常懷憂患之心，永葆擔當之慨，以中華民族偉大復興中國夢為精神引領，以「四個全面」構建治國理政戰略布局，以新發展理念推動中國發展深刻變革，為我們進行具有許多新的歷史特點的偉大鬥爭提供了鮮活的馬克思主義理論武裝。像轉變作風「洗洗澡、出出汗」，反腐敗「既打老虎又拍蒼蠅」，意識形態要敢於「亮劍」，不要「愛惜羽毛」，文藝創作不能有「高原」無「高峰」，經濟新常態不是「一個筐子」，保護環境「綠水青山就是金山銀山」，政治制度不能想像突然就搬來一座「飛來峰」；馬克思主義「真經」沒念好，總想著「西天取經」，就要貽誤大事，等等，這樣鮮活的話語在習近平新時代中國特色社會主義思想中俯拾即是。

話語的鮮活背後是深刻的道理和管用的方略，它充分體現了中國共產黨人不僅善於全面準確地掌握馬克思主義立場、觀點和方法，更能自覺運用馬克思主義立場、觀點和方法分析解決現實問題。

更進一步看，如何有效應對重大挑戰、抵禦重大風險、克服重大阻力、解決重大矛盾，如何把新時代中國特色社會主義推向前進，要有戰略遵循，要有行動綱領，要根據新的實踐對經濟、政治、法治、科技、文化、教育、民生、民族、宗教、社會、生態文明、國家安全、國防和軍隊、「一國兩制」和祖國統一、統一戰線、外交、黨的建設等各方面做出理論分析和政策指導，這就是習近平新時代中國特色社會主義思想「十四個堅持」的基本方略。

我們要堅持黨對一切工作的領導，黨政軍民學，東西南北中，黨是領導一切的，必須確保黨始終總攬全局、協調各方；我們要堅持以人民

為中心，把人民對美好生活的嚮往作為奮鬥目標，依靠人民創造歷史偉業；我們要堅持全面深化改革，構建系統完備、科學規範、運行有效的制度體系，充分發揮中國社會主義制度優越性；我們要堅持新發展理念，把發展作為解決中國一切問題的基礎和關鍵，不斷壯大中國經濟實力和綜合國力；我們要堅持人民當家做主，保證人民當家做主落實到國家政治生活和社會生活之中；我們要堅持全面依法治國，把黨的領導貫徹落實到依法治國全過程和各方面，堅定不移走中國特色社會主義法治道路；我們要堅持社會主義核心價值體系，更好構築中國精神、中國價值、中國力量，為人民提供精神指引；我們要堅持在發展中保障和改善民生，保證全體人民在共建共享發展中有更多獲得感，不斷促進人的全面發展、全體人民共同富裕；我們要堅持人與自然和諧共生，堅定走生產發展、生活富裕、生態良好的文明發展道路，建設美麗中國，為人民創造良好生產生活環境，為全球生態安全做出貢獻；我們要堅持總體國家安全觀，統籌發展和安全，完善國家安全制度體系，加強國家安全能力建設，堅決維護國家主權、安全、發展利益；我們要堅持黨對人民軍隊的絕對領導，全面貫徹黨領導人民軍隊的一系列根本原則和制度，確立新時代黨的強軍思想在國防和軍隊建設中的指導地位，實現黨在新時代的強軍目標；我們要堅持「一國兩制」和推進祖國統一，保持香港、澳門長期繁榮穩定，實現祖國完全統一，共同為實現中華民族偉大復興而奮鬥；我們要堅持推動構建人類命運共同體，始終做世界和平的建設者、全球發展的貢獻者、國際秩序的維護者；我們要堅持全面從嚴治黨，不斷增強黨自我淨化、自我完善、自我革新、自我提高的能力，始終保持黨同人民群眾的血肉連繫。

這十四條基本方略是新時代中國特色社會主義的行動綱領，我們要與黨的基本理論、基本路線一起在各項工作中全面準確貫徹落實。

第二節　中國特色社會主義最本質的特徵是中國共產黨領導

　　沒有共產黨的領導，就沒有中國特色社會主義。中國共產黨領導是中國特色社會主義最本質的特徵，是中國特色社會主義制度最大的優勢。黨的十八大以來，以習近平同志為核心的黨中央高度重視加強黨的領導，在黨的政治領導、思想領導和組織領導方面都有重大的舉措和制度設計出臺。但是，在現實中有些人不理解當代中國堅持黨的領導的理論邏輯、歷史邏輯和實踐邏輯，不理解堅持黨的領導對於中國社會改革發展建設的必然性、必要性、重要性，不理解由於黨的領導弱化、軟化、虛化帶來危害的嚴重性，對黨中央加強黨的領導存在著各種各樣認識上的偏差。

　　關注和探討關於黨的領導這一問題，意義非常重大。我們要理直氣壯地把加強和改進黨的領導的「中國道理」講清楚，凝聚起社會各界共同為中華民族偉大復興而奮鬥的最大公約數。

一、理論邏輯、歷史邏輯和實踐邏輯

　　縱觀中外政黨的歷史，在一定程度上可以說，沒有領導，就沒有政黨。放棄了領導，就是自我繳械，就是自毀長城，甚至會讓政黨土崩瓦解。這樣的教訓，在世界政黨史上可以說是比比皆是。比如前蘇共，就是前車之鑒。

　　但是，強調堅持黨的領導，絕不是為堅持黨的領導而堅持黨的領導，而是要通過黨的領導來實現政黨的信仰，完成政黨的使命，光大政

黨的事業。什麼是政黨的信仰？為共產主義奮鬥終生；什麼是政黨的使命？實現中華民族偉大復興中國夢；什麼是政黨的事業？堅持和發展中國特色社會主義。所以，不是說我們迷戀執政地位，是因為沒有中國共產黨的領導，就會讓中國特色社會主義走形變樣，甚至就會沒有中國特色社會主義。

為什麼能做這個判斷？這就需要把中國特色社會主義的本質要求和中國共產黨的政治屬性結合起來。什麼是中國特色社會主義？對此，可以有不同層面、不同側面和不同角度的理解，但從最根本來講，至少要包括人民當家做主、解放和發展社會生產力、實現共同富裕等等內容。如果在一個社會中人民不能當家做主，那肯定不是中國特色社會主義社會；如果生產力不能被解放、被發展，就像鄧小平同志曾經說過的，貧窮和落後不是社會主義；如果一個社會嚴重兩極分化，朱門酒肉臭，路有凍死骨，離中國特色社會主義社會也是越來越遠而不是越來越近。

無論是人民當家做主、解放和發展社會生產力還是實現共同富裕，這些都是中國特色社會主義中最核心、最本質、最須臾不能丟的要求。這幾條沒了，就沒有了中國特色社會主義。那麼這些要求怎麼才能實現，才能化理念為現實？通過中國共產黨的領導來實現。沒有共產黨的領導，這一切就會變成空話、變成空想。

比如，為什麼中國社會過去三十多年來能造就舉世震驚的經濟奇蹟、發展奇蹟？中國共產黨強有力的領導，中國心往一處想、勁往一處使，不爭論、不扯皮、不折騰，集中精力搞經濟建設；再比如，雖然中國社會目前客觀存在社會貧富差距的拉大，但這是社會發展階段的局限、生產力水平的制約、市場經濟的慣性導致的特定階段的階段性現象，而不像西方社會把百分之九十九和百分之一的對立視為理所當然、視為不可避免、視為本不應解決。把共同富裕寫在旗幟上並努力付諸行動，世界上除了中國共產黨還有哪個政黨有這樣的情懷、有這樣的承

諾、有這樣的擔當？

這就是理論邏輯：沒有中國共產黨的領導，就沒有中國特色社會主義。這一點就像我們當年講的，沒有共產黨就沒有新中國。對此我們要大講特講。

從歷史邏輯來看同樣如此。有了中國共產黨的領導，中國社會才能避免一切不必要的消極「制衡」，避免一些不必要的摩擦、掣肘，集中力量辦大事；有了中國共產黨的領導，人民群眾的積極性被極大地激發出來，在改變自身命運的同時，改變中國也改變了世界。當一些國家為論證一條高鐵是否上馬數年乃至十數年爭論不休的時候，中國的高鐵已經從無到有，貫通國家甚至走出國門。這是連西方社會也不得不承認的事實。

更進一步看，十八大後黨中央特別強調黨的領導，還是實踐邏輯所然。一個社會在不同的發展階段，採取不同的發展模式和執政模式，是由發展階段、歷史條件和任務屬性決定的。我們都知道，中國特色社會主義是一項全新的事業，開放的事業，沒有欽定的正版，沒有成型的範本，只能在實踐中逐漸定版。於是中國包括世界上就有一些人以動輒教師爺自居，把對他們有利的模式和他們希望的模式包裝成所謂「成熟經驗」「普世價值」甚至「歷史規律」，來影響、改造中國特色社會主義實踐，來爭奪對中國特色社會主義的實際領導權。在這樣的背景下，如果沒有堅強有力的中國共產黨的領導，不能保持住戰略定力，把領導權拱手相讓，中國特色社會主義就會名存實亡，走到邪路上去。

二、堅決反對黨的領導被弱化和虛化

對於十八大後加強黨的領導，有一種錯誤的解讀是認為中國政治風向變了。似乎只要強調組織和領導，就是政治風向朝某個方向轉了；而

強調自由和民主，則是政治風向又朝另外一個方向轉了。其實，組織領導和自由民主，是社會發展進步的車之兩輪，鳥之兩翼，不可或缺。只是在社會發展的不同階段，會有因地制宜、因時就勢的側重。今天中國社會在強調組織和領導的同時，絕對沒有忽視黨內民主和社會民主，沒有忽視人的自由全面發展。這個事實是一定要講清楚的。

什麼是黨的領導？《中國共產黨章程》裡面寫的很明確：黨的領導主要是政治、思想和組織的領導。我們現在強調黨的領導，很重要的原因是黨的領導在不同側面、不同層面、不同內容上弱化、淡化和虛化了。

比如在政治領導方面，大是大非似乎無足輕重了，原則被漠視，方向被質疑，立場說不清。一些人覺得現在搞市場經濟，企業要按照市場的原則來運營，遵循市場規律，經理會、董事會都已經定了的事情，「黨的領導」還摻和什麼呢？美其名曰讓市場發揮「決定性」作用，黨的領導在不知不覺中被弱化。與此類似，有些業務部門認為業務工作就要專家來管理，堅持黨的領導就是外行領導內行，於是藉口遵循業務規律，把黨的領導擱置在一邊。甚至還有種觀念，認為業務工作是在幹實事，有效益，黨務工作就是耍嘴皮子，搞些活動，不幹事，沒效益還白花錢。這本身就是由於長期以來黨的領導虛化和弱化造成的錯誤觀念。黨務工作，說到根本是做人的工作。一個部門企業能不能形成良好的精神狀態，黨的領導作用是關鍵。不能因為做事的工作容易立竿見影就高估，做人的工作潛移默化就否定。我們常說幹事業，需要有人才。才是能力，人是什麼？就是政治品格、政治方向、政治立場。人和才結合起來，事業才能發展壯大。從前幾輪巡視暴露出來的問題看，一些國有企業吃裡爬外、利益輸送、資產流失等問題讓人觸目驚心。有的企業形式上還是國家的企業，事實上變成了少數利益群體的「唐僧肉」，甚至把產權改革轉換經營機制變成了向外國人交「投名狀」。為什麼？弱化了

黨的政治領導，方向立場出了大問題。

又比如在思想領導方面，對中央重大方針和戰略部署的片面理解乃至曲解，也是導致黨的領導弱化和虛化的原因。依法治國，建設社會主義法治國家，是我們的目標，不可動搖，全面依法治國是我們的重大戰略部署。於是有人講，既然依法治國那什麼都讓法律說了算，何必要多此一舉再來個黨的領導，甚至還炮製出「黨大還是法大」的偽命題來混淆視聽。其實法治需要前進方向，黨的領導是法治的政治保證，決定著中國社會法治建設的目標、價值與形態，決定著中國特色社會主義法治道路的前進方向。

還比如在組織領導方面，強調行政管理，忽視組織領導。中國共產黨是執政黨，依照法律管理國家事務是當然的權利，但在這個過程中，往往習慣性的用行政管理代替黨的組織領導。表現在幹部身上，可能本身是黨委書記、黨組書記，但喜歡別人叫他局長、部長、董事長，如果叫他一聲書記，他還一下反應不過來。有些基層組織對中央精神不傳達不貫徹，把黨建工作置之腦後，當作可有可無的附屬品，不管不問或者走走形式。一些黨的基層組織本身就不健全，有的長時間沒有書記，有的支部委員從來就沒有配齊過，很多黨員對「三會一課」都不知道是什麼意思，甚至很多黨員長期沒有過黨的組織生活。

但是，黨的領導又實在是弱化不得、虛化不得。汲取這些年來的經驗教訓，不論哪裡的工作出問題、哪裡的事業受挫折，一定是那裡的黨的領導被弱化、被虛化。毋庸諱言的是，加強黨的領導，黨要管黨很重要，是前提。正是由於過去一段時間來在管黨治黨方面失之於寬、失之於軟，導致政黨組織和成員本身在先進和優秀方面打了折扣，讓人民群眾在實際生活中無法感受到更多的黨的領導的正能量，這也客觀上加劇了黨的領導虛化和弱化的態勢。黨的十八大之後，黨中央全面從嚴治黨，從狠抓作風問題做起，從雷霆萬鈞反腐敗發力，就是要「打鐵先得

自身硬」，為加強黨的領導做政治、思想、組織上的準備。

三、以人民為中心，為人民領導

要在實踐中把加強黨的領導真正落到實處，需要在理論上把一些深層次的問題講清楚。

（一）領導與執政的關係

可能是由於執政時間比較長了，一些基層黨組織和黨員幹部，往往把執政和領導混為一談。固然對於執政黨來說，很多時候黨的領導就是通過執政體現出來的，執政和領導在形式上有很多相似之處，行為上有很多交叉之處，但執政和領導從價值導向到運行機理都是不同的。執政是通過國家機器來行使權力，有法律在背後護駕，黨的領導則是通過政治引領、思想感召、組織帶動來動員社會、號召群眾、要求黨員。所以，政黨最根本的力量還是體現在領導上，有了國家機器如虎添翼，沒有國家機器一樣能號令社會、凝聚人心。

（二）還有黨內民主與社會民主的關係

加強黨的領導，特別是現階段重點在堅持黨中央的集中統一領導，強調政治意識、大局意識、核心意識、看齊意識。一些人就以為不要黨內民主了。

黨內民主與社會民主在運行基礎上有著根本的不同。社會民主是建立在不同利益充分表達並能充分體現的基礎上，不同的利益群體代表自己利益，追求自己利益的過程就是民主的過程。而政黨作為一個政治組織，與社會聯合體是不一樣的。作為政黨，必須要有共同的利益，明確的目標，統一的價值觀。進一步說，就是一個政黨應該也只能有一個統

一的利益訴求。具體到中國共產黨來說，最廣大人民群眾的利益是中國共產黨人最重要也最根本的利益，舍此沒有其他的利益。因此，按照理論邏輯，中國共產黨的黨內民主不是建立在代表不同利益的基礎上，而是建立在對不同利益的反映與理解上。所以，黨內民主是為了增強黨的戰鬥力而不削弱黨的戰鬥力，是為了在充滿活力的基礎上實現黨的更高層面的團結與統一，而不是放棄黨的團結與統一。推進黨內民主一定要以維護黨中央權威，鞏固全黨團結與統一，保證全黨令行禁止為前提。不能以推進黨內民主為名，在黨內培育並形成所謂的不同階層與群體的利益代表。

黨內不應該有不同利益，尤其是不應該有既得利益群體，但是，不應該有、不允許有，不等於事實上沒有。事實上已經有這樣的苗頭，「山頭主義、團團夥夥」「我的地盤我做主」，黨的集中統一領導變成「九龍治水」等現象就是表現。這些現象背後必然是不同利益的體現，無一不是弱化了黨的領導，模糊了黨的目標和方向，影響政黨的統一性。這是中央全面從嚴治黨，講規矩、講紀律的重要原因。

（三）最後講講領導能力與領導方法的問題

有的同志講，加強黨的領導首先要通過好的工作方法提高黨的領導能力，此話不假。前一段時間習近平總書記要求重溫毛澤東同志當年的《黨委會的工作方法》一文，也正是基於這樣的考慮。九十七年來，中國共產黨積累了豐富的領導經驗和領導辦法，把這些好經驗好方法學到手運用好，黨的領導就會如虎添翼。這些好經驗好方法從何而來？任何高超領導藝術背後都是對領導規律的科學遵循。中國共產黨的領導規律、執政規律內容豐富，但最大、最核心、最根本的是把人民放到最高位置，習近平總書記經常講的就是以人民為中心。十八大以來，習近平總書記反覆強調要以人民為中心，發展以人民為中心，哲學社會科學研

究、文藝創作、互聯網發展、攻堅扶貧等等，都要以人民為中心，著眼於人民群眾的幸福感和獲得感。這是我們的立場、這是我們的宗旨、這是我們一切工作的價值與意義所在。有道是「先立其大」，有了以人民為中心這一「大」，領導能力、領導水平的提高就是一件自然的事情了。

第三節　信仰之本　理論之源　事業之基

二〇一一年習近平同志擔任中央黨校校長時，在中央黨校開學典禮上，向黨員領導幹部提出認真學習馬克思主義經典的要求。這既是對中國共產黨人一以貫之要求的重申，又是在新的歷史時期頗有針對性的強調。馬克思主義經典是中國共產黨人的信仰之本、理論之源、事業之基，全面推進中國特色社會主義事業，必須高度重視對馬克思主義經典的學習。

一、馬克思主義經典是中國共產黨人寶貴的精神財富

任何一個政黨都有自己的經典，任何一種理論都有自己的源頭，任何一項事業都有自己的奠基之石，所有這一切構成了一個政黨的精神財富。馬克思主義經典就是中國共產黨人寶貴的精神財富。

馬克思主義經典是中國共產黨人的信仰之本。中國共產黨人正是通過馬克思主義經典確立起了自己的信仰，又通過馬克思主義經典進一步堅定自己的信仰。

毛澤東同志曾經對美國記者斯諾說，是《共產黨宣言》等三本經典著作，建立起了他對馬克思主義的信仰，「我一旦接受了馬克思主義是對歷史的正確解釋以後，我對馬克思主義的信仰就沒有動搖過。」一九九二年鄧小平在南方談話中就是這樣說的：「我的入門老師是《共產黨宣言》和《共產主義ABC》。」一代又一代的中國共產黨人就是在這些

馬克思主義經典的引領下，確立起了共產主義的信仰，聚集在了中國共產黨的偉大旗幟之下。

對馬克思主義、對共產主義的信仰，是中國革命與建設，改革與發展取得勝利的精神動力。中國共產黨人的這種信仰以及由信仰延伸出來的理想信念並不是盲目、空洞的說教，而是建立在科學理論武裝的基礎之上，是理性的、現實的，因而是堅定的。正如恩格斯所言：「《共產黨宣言》的這個結論既不是出自痛恨資本主義的道德義憤，也不是源於嚮往共產主義的善良願望，而是基於對資本主義經濟運動規律的科學認識。」

進入新的歷史時期，在世界範圍社會主義事業遭受嚴重挫折，在西方社會發展態勢大行其道的巨大挑戰下，如何信心百倍、堅定不移地走中國特色社會主義道路，通過學習馬克思主義經典來加固我們的信仰之本是很有現實意義的。

馬克思主義經典是中國共產黨人的理論之源。中國共產黨成立九十多年來，在理論發展與創新方面取得了重大的成就，實現了馬克思主義中國化的兩大飛躍。

二十世紀中葉，以毛澤東同志為代表的中國共產黨人把馬克思主義同中國實際相結合，對中國革命和建設進行了科學的理論建構和經驗總結，形成了毛澤東思想。從二十世紀七〇年代到二十一世紀初，中國共產黨堅持馬克思主義的思想路線，不斷探索和回答什麼是社會主義、怎樣建設社會主義，建設什麼樣的黨、怎樣建設黨，實現什麼樣的發展、怎樣發展等重大理論和實際問題，形成了包括鄧小平理論、「三個代表」重要思想以及科學發展觀等重大戰略思想在內的科學理論體系——中國特色社會主義理論體系，為中國特色社會主義道路越走越寬廣提供了堅實的理論支持，讓馬克思主義在中國放射出更加燦爛的真理光芒。這些理論飛躍之所以能獲得巨大成功，在實踐中行得通、站得住，就是因為

它們的基本原則、基本立場、基本方法皆於馬克思主義經典，與馬克思主義經典一脈相承。這也就是為什麼只有深入學習馬克思主義經典著作，才能進一步深化對毛澤東思想和中國特色社會主義理論體系的理解，才能進一步深化對毛澤東思想和馬克思主義中國化最新成果的認識。

馬克思主義經典是中國共產黨人的事業之基。無論是中國共產黨人進行社會主義革命、建設的探索，還是開闢中國特色社會主義道路，都要以馬克思主義為指導，以馬克思主義的立場為我們的立場，以馬克思主義的原則為我們的原則，以馬克思主義的方法為我們的方法。

馬克思主義經典著作對人類社會和歷史發展規律、對資本主義時代發展規律、對社會主義社會和共產主義社會的基本要求進行了科學、深入、系統的闡述。像恩格斯的《社會主義從空想到科學的發展》在《反杜林論》的基礎上，進一步集中闡述科學社會主義基本理論，實現了社會主義學說的歷史性變革，馬克思在為其法文版寫的序言中認為這是對《共產黨宣言》中關於「資產階級的滅亡和無產階級的勝利是同樣不可避免的」思想的進一步科學論述，這就是著名的「兩個必然」；與此相對應，馬克思在《〈政治經濟學批判〉序言》中又指出：「無論哪一個社會形態，在它所能容納的全部生產力發揮出來以前，是絕不會滅亡的；而新的更高的生產關係，在它的物質存在條件在舊社會的胎胞裡成熟以前，是絕不會出現的。」這就是「兩個絕不會」。這樣的論斷在馬克思主義經典著作中俯拾即是。

所有這些基本結論、基本觀點、基本判斷都是我們建設和發展社會主義事業的基石，動搖不得、丟棄不得。這些基本結論、基本觀點、基本判斷並不因時間的流逝而褪色，反而越經時間的洗禮越發熠熠閃耀，越經實踐的檢驗越發管用有效。

二、學習馬克思主義經典是中國共產黨人的基本功

　　鄧小平同志說，讀馬列要精，這個「精」主要是指要讀馬克思主義導師們的經典著作。江澤民同志、胡錦濤同志也都強調老祖宗不能丟，丟了就喪失根本。不丟老祖宗最基本的一條就是要讀老祖宗的書。中國共產黨人作為馬克思主義者，學習馬克思主義經典是必修課、是基本功。

　　學習馬克思主義經典可以讓我們更全面準確地理解馬克思主義。馬克思主義經過一百六十餘年的發展，固然形成了很多解釋性、闡釋性、輔導性的材料，這些材料對於傳播瞭解馬克思主義起過很大的作用，有不少甚至具有了一定的經典意味。但是再好的輔導材料也不能替代經典本身，學習輔導教材不等於學習經典。

　　一八八四年八月十三日，恩格斯在給格奧爾格・亨利希・福爾瑪爾的信中指出：「研究原著本身，不會讓一些簡述讀物和別的第二手資料引入迷途。」[1]一八九四年十月四日，他在為《資本論》第三卷寫的序言中指出：「一個人如想研究科學問題，首先要在利用著作的時候學會按照作者寫的原樣去閱讀這些著作，首先要在閱讀時，不把著作中原來沒有的東西塞進去。」[2]因為「對於那些希望真正理解它的人來說，最重要的卻正好是原著本身」。這些年來，我們的一些同志被一些會背誦幾句馬克思主義經典話語的人嚇唬住，甚至被假馬克思主義蒙蔽，就是因為自己沒有去認真學習馬克思主義經典，自己沒學過可不就有些心虛；更有甚者我們的一些同志被一些西方華麗辭藻包裝的觀念搞得眼花

1　《馬克思恩格斯全集》卷36（北京市：人民出版社，1975年），頁200。

2　《馬克思恩格斯全集》卷25（北京市：人民出版社，1974年），頁26。

繚亂，如獲至寶，殊不知在馬克思主義經典中早已有科學系統的闡述。

當然對於今天的中國共產黨人來說，我們讀經典不僅要讀馬克思、恩格斯、列寧等人的著作，也要讀毛澤東同志、鄧小平同志以及新一代中國共產黨人的書，後者同樣是經典而且是新的經典。因為它們是中國共產黨集體智慧的結晶，是與中國革命、建設、改革、發展結合得更加緊密的經典。

學習馬克思主義經典要下苦功夫、要下笨功夫。學習馬克思主義經典不能說曾經學過了就不用再學了，不能淺嘗輒止就鳴金收兵。同一部經典在不同時間能讀出不同的感受，同一部經典每一次的閱讀都會有新的收穫。

一九三九年，毛澤東同志與馬列學院學員談話時指出：「馬列主義的書要經常讀。」「《共產黨宣言》，我看了不下一百遍，遇到問題，我就翻閱馬克思的《共產黨宣言》，有時只閱讀一兩段，有時全篇都讀，每讀一次，我都有新的啟發。我寫《新民主主義論》時，《共產黨宣言》就翻閱過多次。讀馬克思主義理論在於應用，要應用就要經常讀，重點讀。」

當然，我們的黨員領導幹部很忙，事務性工作也比較多，不能像專門研究者那樣整天閉門讀書。但再忙，擠點時間還是可以的，也是可能的。推掉一些不必要的應酬，減少一些形式性的會議，謝絕一些沒事找事的活動，不就可以擠出一大塊時間來學習馬克思主義經典。毛澤東同志曾說過，「忙，就要擠，比之木匠在木板上釘釘子，就可以擠進去的。」

此外，在學習馬克思主義經典的時候，要有吃苦的準備。學習馬列主義不能像看小說那樣，一目十行，走馬觀花，而要一句句、一段段地認真思考，用心領會，要經常讀、重點讀。經典著作是思想的濃縮，是精華的集萃，其嚴密的邏輯、嚴謹的思維、透過現象看本質的細緻入

微，不全身心投入下點功夫是不可能真正掌握和領會的。這需要笨功夫，這也是苦功夫，但捨此別無他途。

學習馬克思主義經典重在把握精髓。我們學習馬克思主義經典，一定要認真掌握經典中的那些基本原則、基本觀點與基本結論。像馬克思主義經典關於自然、社會和思維認識各方面的客觀規律，關於人類社會由低級向高級發展的客觀規律，關於資本主義必然滅亡，社會主義、共產主義必然勝利的歷史結論等等，都需要我們完整準確深入地去掌握。但僅此還是不夠的，而且這也不是最主要的。最主要的是要掌握馬克思主義經典所堅持的基本方法，把握住馬克思主義的精髓。打個比方來講，就是既要拿到馬克思主義的「魚」，更要學會馬克思主義的「漁」。

陳雲同志曾指出：「學習理論，最要緊，是把思想方法搞對頭。因此，首先要學哲學，學習正確的觀察問題的思想方法。如果對辯證唯物主義一竅不通，就總是要犯錯誤。」習近平總書記也特別強調「尤其要注意學習馬克思主義哲學」。馬克思主義哲學是馬克思主義世界觀與方法論的集中體現，是馬克思主義精髓的理論展開。學好了馬克思主義哲學，就掌握了馬克思主義的方法，也就把握住了馬克思主義的精髓，也就有了馬克思主義的「望遠鏡」與「顯微鏡」。延安時期，毛澤東同志就形象地說，「我們應該學習的是布爾什維克的聰明。我們的眼力不夠，應該借助於望遠鏡和顯微鏡。馬克思主義的方法就是政治上軍事上的望遠鏡和顯微鏡。」

三、著眼於中國特色社會主義事業的創新與發展

毛澤東同志強調：「學習的目的全在於運用。」我們學習馬克思主義經典不是為學習而學習，更不是為了能引用馬克思、恩格斯、列寧的個別詞句，而是要以正在做的事情為中心，著眼於馬克思主義的實際運

用，不斷提高運用馬克思主義解決實際問題的能力，是要通過學習馬克思主義經典來堅定信心，汲取力量，提高本領，走向實踐。

學習馬克思主義經典，推進中國特色社會主義事業。具體來說，我們要通過學習馬克思主義經典，運用馬克思主義經典中的立場、觀點和方法，解決中國特色社會主義發展面臨的新情況、新問題。讓一個曾經飽受異族列強欺侮、目前尚是發展中國家的中國，經濟發展、政治昌明、文化繁榮、社會諧和，到二十一世紀中葉成為富強民主文明和諧的社會主義現代化國家巍然屹立在世界東方；讓一個能彰顯五千年燦爛文化、能傳承五千年悠久文明、能把自己的價值觀與世界共享、能用自己的軟實力促進世界共榮共進的中華民族傲然屹立於世界民族之林；讓中國社會的一切發展都由人民群眾主導，由人民群眾決定，人民群眾的主體地位得到充分尊重，人民群眾主人公的積極性得到充分發揮；讓中國社會發展的一切成果，包括物質成果和精神成果都能為人民群眾共享。

用發展的馬克思主義譜寫新的馬克思主義經典。當年毛澤東同志在進行社會主義建設初期就講我們做的事情已經超過了馬克思，五十多年後的今天，中國特色社會主義的發展更是超過了馬克思主義經典作家的一些具體論述與設想。這是一件很自然的事情，我們絕不能要求馬克思為解決他去世之後上百年、幾百年所產生的問題提供現成答案。列寧同樣不能承擔為他去世以後五十年、一百年所產生的問題提供現成答案的任務。

但這同時也給新一代共產黨人提出新的更高的要求。我們不僅要通過學習馬克思主義經典推進我們的發展，成就我們的事業，我們還要豐富馬克思主義、發展馬克思主義，不斷形成馬克思主義中國化的最新成果，寫出新的馬克思主義經典。

中國特色社會主義道路的高歌猛進讓我們有資格譜寫新的篇章，中國特色社會主義道路的繼往開來也要求我們譜寫新的馬克思主義經典。

政黨本色篇

第二章　信仰感召

第一節　信仰是政黨之魂

靠什麼把一個近九千萬人數的大黨凝聚起來，苟利國家生死以，是信仰；靠什麼讓中國革命的星星之火成為燎原之勢，山溝裡的馬克思主義贏得了中國，還是信仰。中國共產黨的九十多年，無論是篳路藍縷還是高歌猛進，一以貫之的是對馬克思主義的信仰。信仰堅定則事業昌盛，信仰淡化則捉襟見肘。

一、中國共產黨是一個有信仰的政黨

中國共產黨如此重視政黨信仰，既是對政黨本質的深刻認知，又是對工人階級政黨先鋒隊性質的高度自覺，中國共產黨九十多年的歷史也無時無刻證明著這一事實。

就政黨的本質來說，信仰是一個政黨區別於其他政黨的根本。為什麼政黨是這個樣子，而不是別的什麼樣子，源於它的信仰。

信仰來不得半點含糊，也來不得一絲虛偽。不丟信仰之名卻放棄信仰之實，可能會有暫時的蠅頭小利，卻終會導致「政黨大廈」的坍塌。這在世界其他一些政黨的實踐中是有血的教訓的。

有的朋友可能會問，在現代社會，信仰在政黨中的地位好像並不怎麼重要啊。像美國的兩個黨，它們之間連政策差別都越來越小了，更不用說在主義理念上的差異了。而且它們的黨員登記只有在選舉的時候才進行，社會公民在哪個黨登記，就是哪個黨的黨員，今年是共和黨，四年後登記為民主黨也可以。二〇一六年的美國大選更是出現了本黨選民把票投向對方政黨候選人的情形。

這話說得沒錯，但它說出的只是現象而不是本質。現代西方政黨是在資本主義社會的大環境中產生和發展的，不論哪一個政黨對資本主義社會都是認可的。政黨與政黨之間的差別只是在如何更好地保持資本主義社會發展的具體方法步驟上有細微差異罷了。而且由於現代資本主義社會，特別是一些發達國家的階級結構相對統一，中間階層選票相對集中，使得無論是兩黨制還是多黨制，所有政黨的政策都向「中間化」靠攏。

但要說這些政黨沒有信仰就大謬了。他們的信仰就是對資本主義的信仰，他們的信仰不僅「堅定不移」，而且還不容置疑；不僅自己相信還要求別人也相信。現在一些西方國家把其價值觀包裝成「普世價值」，何嘗不是一種希望傳播自己信仰的衝動。

中國共產黨作為工人階級的先鋒隊，是以消滅剝削的舊社會，建設社會主義社會，實現共產主義社會為其奮鬥目標，當然要確立起在馬克思主義指導下的共產主義信仰。這一信仰不能絕對地說與資本主義社會的信仰水火不容（因為社會主義社會和共產主義社會是在揚棄資本主義社會基礎上發展起來的，從不回避對資本主義社會有益成分的汲取。）但也一定要有自己根本性的新規定、新要求、新內容，一定要明確是與資本主義社會的信仰截然不同的新信仰。

信仰是旗幟鮮明的，信仰無須遮遮掩掩。信仰靠真誠而贏得尊重，靠堅定而得以實現。顧忌他人對自己信仰的不認同，試圖靠「鄉愿」去左右討好，只能適得其反，為對手所瞧不起。中國共產黨之所以是中國共產黨，就源於它對共產主義的信仰與對共產主義的不懈追求。沒有了共產主義信仰的共產黨還能是共產黨嗎？不追求共產主義的共產黨還有必要存在下去嗎？這些提問聽起來好像有些驚世駭俗，其實就是大白話、大實話。

正因為信仰對於政黨的根本性意義，中國共產黨對於信仰給予了高

度的重視。毛澤東同志說過「主義譬如一面旗幟」就是講信仰的。只有旗幟豎了起來，才會應者雲集，知道向哪裡去靠攏。鄧小平同志特別強調，為什麼我們過去能在非常困難的情況下奮鬥出來，戰勝千難萬險使革命勝利呢？就是因為我們有理想，有馬克思主義信念，有共產主義信念。所以，「對馬克思主義的信仰，是中國革命勝利的一種精神動力。」在隨時準備進行許多具有新的歷史特點的偉大鬥爭的新的歷史時期，習近平總書記更是明確指出：「要永遠不丟信仰」，「對馬克思主義的信仰，對社會主義和共產主義的信念，是共產黨人的政治靈魂，是共產黨人經受住任何考驗的精神支柱。」

中國共產黨人對信仰也是身體力行的。毛澤東同志說過，「我一旦接受了馬克思主義的信仰就沒有動搖過。」毛澤東同志用他的一生證明了這一點。不僅毛澤東同志自己，連他的家人都投入到這個事業中來。毛澤東同志的家庭有七個人把自己奉獻給了他們的信仰。對於毛澤東同志來說，中國的獨立，中國人民的解放，社會主義的建設，共產主義的實現這些基於馬克思主義的信仰，不僅是他矢志追求的目標，更是他全部生命意義的價值所在。為了這一信仰，他可以放棄一切。所以就有置生死於度外赴重慶談判，所以就有冒險留在陝北牽制對手以贏得全域戰略主動的行為，所以就有讓毛岸英同志率先入朝捐軀沙場的義舉。

理解了毛澤東同志的這種信仰，就可以理解他為什麼能全心全意為人民服務，面對群眾真誠地喊出了「人民萬歲」；就可以理解他為什麼對於一些共產黨人的腐敗與特權深惡痛絕，甚至到了水火不容的地步；也就可以理解他為什麼要始終堅持反官僚主義和反形式主義。

中國共產黨的領導人是如此，千千萬萬為中國革命獻出自己生命的普通共產黨人何嘗不是如此？

二、中國共產黨的信仰是科學的信仰

曾幾何時，西方社會把共產主義信仰視為洪水猛獸，甚至不惜撕開其文明的面紗採取暴力手段必欲除之而後快。進入現代社會之後，血腥的行為雖然表面看不見了，但是遏制防範消解醜化的動作一直沒有終止。

為什麼如此？絕不僅僅是因為共產主義信仰與他們的信仰相對立，更主要的是共產主義信仰有實現其追求的能力，堪比精神的原子彈。一些土著部落的信仰被西方社會供在博物館裡還美其名曰「多樣化」就是因為它們對西方資本主義沒有威脅的能力。

共產主義信仰的這種能力來自其科學性。

共產主義從來不是虛無縹緲的。共產主義體現在現實的經濟政治生活中就是為了最大多數人的利益。這最大多數人是「無產階級」也好，是「工人階級」也罷，還是「中產階層」等等，稱謂隨著時代的不同可能會、也可以有不同的說法，但它必須確實是一個社會中的最大多數。

直到目前為止，人類社會的發展方式都是「非中性」的，每一發展方式都有其有利群體，有其被犧牲群體。我們打個比方。如果一個社會把游泳作為主導方式，佔便宜的肯定是烏龜，如果把長跑作為主導方式，兔子就有優勢了。別看龜兔賽跑烏龜老贏，那是童話不是現實。

現在西方資本主義的發展方式就是有利於一小部分群體的發展方式，他們可以利用對資本、專利乃至規則控制的優勢來為部分群體的為所欲為提供保障。甚至連「民主」這樣在西方意識形態中的神聖東西，也毫不回避是精英的遊戲，倘使有民眾不知天高地厚摻和多了就會被扣上「暴民大多數」帽子。在這樣情形下，絕大多數的群體被邊緣化了。就算有些群體被納入所謂全球化的軌道，也不過是被作為廉價打工者而工具化了，在溫水煮青蛙的狀態中走向異化。

有人可能會說人家發達資本主義國家整個老百姓都富裕了，此話不假。國內矛盾國際化是目前資本主義社會的發展態勢，美國三億人日子過得確實不錯，利用美元是國際貨幣的優勢地位把金融危機都轉嫁到其他國家去了，美國民眾的次貸讓全世界為其買單。如果資本主義的發展能讓世界七十多億人都過上美國人的生活，我們之間也就沒有了信仰的對立，但這在資本主義制度的邏輯框架中是不可能。

　　共產主義不是要讓所有人都變成無產階級，而是要通過創造社會發展的環境和條件讓每一個人都能有全面發展的可能，是要通過消滅資產階級的同時消滅無產階級來實現無產階級的整體解放。這也就是為什麼恩格斯強調共產主義社會最根本的特徵就是：「每個人的自由發展是一切人自由發展的前提」。人類社會的發展從來都要著眼於七十多億人，而不能只是考慮三億人。對中國共產黨來說，中國社會的發展從來就是十三多億人的全體，是九百六十萬平方公里的全部，不能是一部分人，不能是一部分地區。

　　中國共產黨人的這種信仰以及由信仰延伸出來的理想信念既不是出自痛恨資本主義的道德義憤，也不是源於嚮往共產主義的善良願望，而是基於對社會發展規律的科學認識。資本主義社會的社會生產不是基於滿足需求而是源於對利潤的追求，勞動在社會生產過程中不是作為主體而是成為資本獲取剩餘價值的工具。這樣的發展方式是不可能持續的，這樣的發展方式是背離公平正義的，這樣的社會發展方式也是沒有前途的。只有尊重每一個人的發展權利，只有讓每一個人都能得到發展，社會才能真正走向繁榮與發展。

　　確實，對於現代世界來說，社會主義社會剛剛破題，共產主義社會尚沒有成為現實，反倒是資本主義的發展方式有諸多的存在依據和相當的支持度，大有鋪天蓋地、一統天下的態勢。但是理想尚沒成為現實不等於就是烏托邦，現實存在的不必然就是合理的。而且共產主義社會沒

有到來並不意味著共產主義運動沒有在進行。馬克思恩格斯說：「共產主義對我們來說不是應當確立的狀況，不是現實應當與之相適應的理想。我們稱為共產主義的是那種消滅現存狀況的現實的運動。這個運動的條件是由現有的前提產生的。」中國共產黨人一直在進行著超越資本主義社會建設社會主義社會的實踐，中國特色社會主義道路的開闢就是我們在現時代的共產主義運動。

只要我們一直在為改變舊的社會狀態而努力，共產主義就在我們每一天的行動中。

三、實踐信仰是中國共產黨力量之源

毋庸諱言，隨著中國共產黨作為唯一執政黨執政時間的延伸，政黨信仰的意識客觀在逐漸淡化。有些同志以為執政權在手，一切事情都好辦；執政權在手，一切資源都歸我們支配，一切力量都服從我們調度。其實事情並不是這個樣子，道理也不能這樣講。中國共產黨是因為信仰的力量才贏得了執政權，因為信仰的光輝才被憲法賦予唯一執政的地位，而不是相反，也不能相反。

所以，中國共產黨的領導體現在其政黨宗旨信仰理論的領導，而不僅僅是、甚至不主要是政黨成員的領導；是政黨通過信仰它的成員來實現政黨追求，而不是政黨成員拉大旗作虎皮以政黨的名義謀自己的利益。

直面現實，在中國共產黨走過九十多年輝煌歷程之後，實踐信仰的要求再一次凸顯出來。

（一）實踐信仰，任重道遠

應該說當下的時代背景和國際環境，堅守共產主義的信仰確實不是

一件容易的事情。資本主義內在活力的繼續釋放，國際共產主義運動的式微，人類社會的發展規律並不像我們過去想的那樣一目了然，而是隱藏在目前尚不斷展現繁榮的社會現象中。透過資本主義社會表面的繁華看出背後的危機與必然的消亡，透過共產主義運動目前的式微看出其必然的勝利與鐵的法則，需要大覺悟、需要大定力、需要大無畏。否則很容易隨波逐流、人云亦云，甚至失望灰心、自廢武功。

（二）實踐信仰，刻不容緩

由於中國共產黨是執政黨，一些政黨成員尚不敢公開否認對共產主義的信仰，但他們在心底裡、在行動上已經不再相信共產主義了。對一個政黨來說，這種情況是很危險的。你公開反對共產主義沒關係，你站到共產黨的對立面去批判這個黨也沒關係。共產黨從來不缺反對者，共產黨也從來不怕反對者。對手的存在還可讓我們更加警覺，更加自律、更加有鬥志。怕就怕拉大旗作虎皮、掛羊頭賣狗肉，打著共產主義的招牌，行著非共產主義、甚至反共產主義的作為。

一個有信仰的政治家可能會犯錯誤，但絕對是可以信賴的，只要我們有一套規範的政治體制與政治運行機制，其錯誤是完全可以避免的，現代政治發展已經為我們提供了這樣的條件。但是如果一個政治家沒有起碼的信仰，有的只是利益的算計，可又對社會指手畫腳，恐怕更大的悲劇就會發生了。這也就是為什麼鄧小平同志曾經特別強調：「黨和政府愈是實行各項經濟改革和對外開放的政策，黨員尤其是黨的高級負責幹部，就愈要高度重視、愈要身體力行共產主義思想和共產主義道德。否則，我們自己在精神上解除了武裝，還怎麼能教育青年，還怎麼能領導國家和人民建設社會主義！」如何避免「缺鈣」，如何不得「軟骨病」，如何練就「金剛不壞之身」，就要像習近平總書記所要求的，「革命理想高於天」，用科學理論武裝頭腦，不斷培植我們的精神家園。

（三）實踐信仰，從我做起

政黨信仰是一個宏大的主題，政黨信仰又是一個十分具體的事情。政黨信仰的生命力不存在於經典著作裡，也不存在於文件報告中，而是實實在在體現在每一個政黨成員的一舉一動中。實踐信仰不是一句口號，而是每一個成員的覺悟；我們不僅要在組織上加入共產黨，更要在思想上走向共產主義。對於真正的共產黨人來說，實踐信仰不需要攀比，不會提出「憑什麼只有我實踐別人不去做」這樣看似有理其實荒唐的疑問。我信仰，我去做，這樣就足夠了。星星之火可以燎原，真正的信仰能喚醒夢中之人。當我們每一個政黨成員都能如此的時候，我們的信仰就會結出現實之果。

九十多年來的輝煌歷史讓中國共產黨人認識到，我們是用共產主義信和馬克思主義理論武裝起來的覺悟者。我們理解我們的思想，我們認同我們的信仰，因而我們實踐著我們的主義。現在為整個國際社會矚目的「中國道路」就是新時期中國共產黨人實踐自己信仰與主義的傑出作品。

第二節　中國共產黨的實踐辯證法

「不忘初心，繼續前進」，習近平總書記在慶祝中國共產黨成立九十五周年大會講話中的這八個字，一時間成為中國社會的熱詞。這八個字之所以引起高度的關注與熱烈的討論，不僅因為它是輝煌九十五年的經驗總結，是走向光明未來的根本遵循，更是對中國共產黨實踐辯證法的深刻揭示，對中國共產黨成功密碼的鮮活闡述。

一、何為初心？信仰、主義、宗旨、立場的一以貫之，堅定不移

初心即本來。從哪裡來、到哪裡去、要做什麼、為誰而做，對這些問題的自覺與堅守就是一個政黨的初心。對於中國共產黨來說，就是它的信仰、主義、宗旨、立場。

中國共產黨之所以是中國共產黨，源於對馬克思主義的信仰與對共產主義的不懈追求。沒有了馬克思主義信仰的共產黨還能是共產黨嗎？不追求共產主義的共產黨還有必要存在下去嗎？這些提問聽起來好像有些驚世駭俗，其實就是大白話、大實話。「背離或放棄馬克思主義，我們黨就會失去靈魂、迷失方向。」「中國共產黨之所以叫共產黨，就是因為從成立之日起我們黨就把共產主義確立為遠大理想。」習近平總書記振聾發聵的話語講了一個根本道理：一個政黨的衰落，往往從理想信念的喪失或缺失開始；反過來一個政黨的崛起，就在於信仰的「堅」、主義的「真」所產生的強大正能量。

中國共產黨之所以有力量，中國共產黨之所以能作為，在於從一開

始就把人民寫在黨的旗幟上,「人民立場是中國共產黨的根本政治立場,是馬克思主義政黨區別於其他政黨的顯著標誌」。習近平總書記指出:「我們講宗旨,講了很多話,但說到底還是為人民服務這句話。我們黨就是為人民服務的」。中國共產黨牢牢記住「除了工人階級和最廣大人民群眾的利益,沒有自己特殊的利益」,中國共產黨人「隨時準備為黨和人民犧牲一切」。不要把中國共產黨的執政當作黨的利益,這是以小人之心度君子之腹。對中國共產黨來說,執政是擔當、是責任、是奉獻,是執政為民,不是執政為私。

共產主義作為現實社會狀態確實還很遠,只有在社會主義社會充分發展和高度發達的基礎上才能實現,而社會主義制度的發展和完善是一個長期的歷史過程。但這正是理想之為理想魅力所在,信念之為信念價值所在。習近平總書記講,「理想因其遠大而為理想,信念因其執著而為信念」。

不要因為走得時間久了、走的道路遠了就忘記為什麼出發。忘記初心,不可避免被歷史淘汰。對這一點,中國共產黨有足夠的警覺。

二、怎樣前進?理論、實踐、道路、戰略的與時俱進,創新發展

守本不是故步自封,不是無所作為,而是為了更好地前進。順應歷史大勢,趕上時代步伐,完成使命擔當,中國共產黨的理論、實踐、道路、戰略自然會也當然要與時俱進,創新發展。這集中體現在黨的十八大以來黨中央治國理政新理念新思想新戰略中。

理論在創新。習近平新時代中國特色社會主義思想以宏大的戰略眼光勾勒出二十一世紀中國和二十一世紀社會主義的前途命運,以科學的理論邏輯回答了新一代馬克思主義者面對的時代課題與實踐挑戰,實現

了馬克思主義在二十一世紀中國的新飛躍。

實踐在創新。以新發展理念引領經濟發展新常態，以供給側結構性改革注入發展新動力，崇尚創新、注重協調、倡導綠色、厚植開放、推進共享，中國社會的發展方式在轉變、發展結構在調整、發展品質和效益在提升。

道路在創新。經過百餘年的抗爭、九十多年的奮鬥、六十多年的探索、三十多年的實踐，中國特色社會主義道路讓我們有資格自信、有底氣自信。這是一條開放的道路、一條充滿創新的道路。從社會主義市場經濟到「五位一體」總體布局，從中國式的現代化到國家治理體系和治理能力現代化，每一代中國共產黨人都在這條道路上譜寫出新的篇章。

戰略在創新。「四個全面」戰略新布局，全面建成小康社會、全面深化改革、全面依法治國、全面從嚴治黨，相互支撐、相互促進，既描繪了美好藍圖，又規劃出了路線圖時間表，讓中國特色社會主義在「全面」中高歌猛進。

這一系列的變革與創新不亞於一場又一場深刻的革命，不僅深深地改變著一個五千年文明的古國，極大地改變著近百年來的世界政治經濟格局，更讓一個邁向百年的政黨充滿活力、充滿生機、充滿創造力。一個因循守舊、墨守成規而不思進取的政黨是沒有前途的，中國共產黨對這一點同樣有深刻的認知。

三、以我們正在做的事情為中心，該變則變，不能變則堅決不變

守有守的必須，變有變的必然。那麼什麼是中國共產黨必須變的，什麼是中國共產黨不能變的；什麼時候中國共產黨可以變，什麼時候中國共產黨不會變呢？不要陷於抽象的哲學思辨，而要以我們正在做的事

情為中心，該變則變，不該變則堅決不變。

　　隨著中國共產黨治國理政進入新的境界，中國發展方位發生了重大變化，中國共產黨的行為模式怎麼能不發生重大變化。比如，如何在大踏步跨越、快速崛起的進程中化解守成大國的焦慮，如何在維護中國國家核心利益的同時消除國際社會的疑慮，如何把人類命運共同體化理念為現實，建設各國共享的百花園，不再能指望用昨日舊船票登上今日客船。但是中國共產黨帶領人民實現中華民族偉大復興的中國夢沒有變，中國共產黨讓人民有更多幸福感與獲得感的承諾沒有變，中國共產黨為人類對更好社會制度的探索提供中國方案的使命與擔當沒有變。既然這一切都沒有變，我們怎能忘記當年舉手宣過的誓言，怎能背離一代又一代志士仁人開闢的道路？在這一點上，就要像鄧小平同志當年講的：「要頑固一些。」

　　不忘初心是「本」，繼續前進是「綱」，守本舉綱，中國共產黨就會從勝利走向勝利。這就是中國共產黨的實踐辯證法。

第三節　革命理想高於天

　　一個政黨區別於其他政黨最根本的是什麼？不在於是否執政，也不在於人多人少，而是它的信仰主義，它的理想信念。理想科學遠大，信念堅定執著，政黨就會發展壯大，事業就會繁榮昌盛。毛澤東同志的名言「主義譬如一面旗幟」，講的就是理想信念。只要旗幟豎了起來，就會應者雲集，知道向哪裡去靠攏。

　　固然，在不同的歷史時期、在不同的發展階段，一個政黨的工作重心和工作目標會有階段性的變化，不能好高騖遠，要以正在做的事情為中心，會有權宜之計，會做策略性調整，但絕對不能也不要因為走得時間久了、走的道路遠了就忘記為什麼出發。執政當然是政黨最重要的目標，甚至都不用加之一。但任何政黨的執政都不可能是也確實不是為執政而執政，而是要通過執政實現其理想，踐履其信仰，光大其主義。

　　那麼什麼是中國共產黨的根本呢？中國共產黨又是為什麼而出發的呢？習近平總書記在「七一」重要講話中指出：「中國共產黨之所以叫共產黨，就是因為從成立之日起我們黨就把共產主義確立為遠大理想。」這是中國共產黨的「初心」，也是中國共產黨的終極信仰。中國共產黨的這種理想信念既不是出自痛恨資本主義的道德義憤，也不是源於嚮往共產主義的善良願望，而是基於對社會發展規律的科學認識，對建設一個新世界的使命擔當。共產主義塑造了中國共產黨人的政治靈魂，為中國共產黨人打造出經受住任何考驗的精神支柱，成為中國共產黨人頂天立地的精神之「鈣」。

　　誠然，共產主義作為現實社會狀態確實還很遠，只有在社會主義社會充分發展和高度發達的基礎上才能實現，而社會主義制度的發展和完

善是一個長期的歷史過程。但這正是理想之為理想魅力所在，信念之為信念價值所在。習近平總書記講：「理想因其遠大而為理想，信念因其執著而為信念。」

中國共產黨之所以能夠經受一次次挫折而又一次次奮起，歸根到底是因為有遠大理想和崇高追求。鄧小平同志特別強調，為什麼我們過去能在非常困難的情況下奮鬥出來，戰勝千難萬險使革命勝利呢？就是因為我們有理想，有馬克思主義信念，有共產主義信念。所以，「對馬克思主義的信仰，是中國革命勝利的一種精神動力。」不論是革命時期的「星星之火可以燎原」，還是建設時期的「建設四個現代化」，改革時期的「以經濟建設為中心」，再到歷史新起點上的「兩個一百年」奮鬥目標，一以貫之的是對中華民族偉大復興的堅守，對共產主義遠大理想的追求。正因為中國共產黨在理想信念上堅定不移，鑄就了中國共產黨九十多年的輝煌，鑄就了中國社會百年來的自立自強，也讓社會主義這一共產主義在現實歷史條件下的社會形態通過中國特色社會主義而呈現出了「高度現實性和可行性」。

也正是因為理想信念對於政黨的根本性意義，理想信念動搖是最危險的動搖，理想信念滑坡是最危險的滑坡。一個政黨的衰落，往往從理想信念的喪失或缺失開始。在這方面蘇聯共產黨就是前車之鑒，教訓深刻。二十世紀八〇年代末，曾有一位蘇共中央書記處書記對美國記者講：「我是共產黨員，但不是共產主義者。」當一個政黨內充斥著大量不信仰共產主義的共產黨員，把黨員作為一種政治身分而不是政治信仰的時候，「政黨大廈」的根基就動搖了。以至於當一個歷經血與火的嚴酷考驗曾經建立起第一個社會主義國家的政黨宣布解體時，兩千多萬政黨成員「竟無一人是男兒」，為什麼？動搖了理想信念，丟棄了理想信念，所以塌了脊梁冷卻了血性。

我們常常把理想信念連在一起講，其實它們是政黨建設的兩個方

面。理想是一個政黨所追求的、認為是最好、最高、最有意義、最有價值的遠景與目標，信念是一個政黨對其理想的相信與堅守、奮鬥與努力、付出與犧牲、意志與情懷。因為理想科學而信念更加堅定，因為信念堅定而理想更加真切。

應該說在當下的時代背景和國際環境下，堅守共產主義的遠大理想確實不是一件容易的事情。資本主義內在活力的繼續釋放，國際共產主義運動的相對盤點，人類社會的發展規律並不像我們過去想的那樣一目了然，而是隱藏在目前尚不斷展現繁榮的社會現象中。透過資本主義社會表面的繁華看出背後的危機與必然的消亡，透過共產主義運動目前的隱忍看出其必然的勝利與鐵的法則，需要大覺悟、需要大定力、需要大無畏。如果我們不能咬定青山不放鬆，做不到亂雲飛渡仍從容，是很容易隨波逐流、人云亦云，甚至失望灰心、自廢武功的。

所以，在隨時準備進行具有許多新的歷史特點偉大鬥爭的新的歷史時期，讓我們銘記習近平總書記那句話：「要永遠不丟信仰」，這是中國共產黨的立黨之本、興黨之基、強黨之要。

政黨本色篇

第三章　組織凝聚

第一節　強組織始有大作為，有規矩才能成方圓

　　中共中央紀律檢查委員會、中華人民共和國督察部網站曾經進行過的一項調查，有七成多的網友認為當前黨員幹部組織渙散、紀律鬆弛現象嚴重。這些數據是否具備成為科學分析的樣本還可以再研究，但其所反映出來的問題卻不容我們掉以輕心。因為這樣的問題已經體現在現實政治生活的方方面面：

　　——個別基層黨組織名存實亡，不僅在重大問題上不能發揮有效引領群眾和社會的作用，甚至連黨員幹部自身都感覺不到組織的存在；不僅組織生活做樣子、走過場，有一搭沒一搭，甚至有些時候連形式也不屑搞或者說根本搞不起來；對所屬黨員幹部不僅做不到同心同德、令行禁止，甚至連他們做什麼、在哪裡都不知道。

　　——少數領導班子不能很好地執行民主集中制，班子內部各自為政搞「小圈子」，把分管領域當成「私人領地」；在事關組織原則、組織形象、組織任務等問題上一團和氣、你好我好大家好，還美其名曰「講團結、顧大局」；在事關個人小團體利益上錙銖必較、寸步不讓，與競爭者鉤心鬥角、大打出手，卻標榜為「講原則、不妥協」。

　　——一些黨員幹部對有利益的事先斬後奏、邊斬邊奏甚至斬而不奏變著法子繞開組織，沒利益不合意的事則陽奉陰違、出工不出力甚至故意設絆子糊弄為難組織，跟組織討價還價；把人民給的權力當成自己的本錢，公權私用、獨斷專行、任人唯親，只對上級領導個人負責而不對組織負責，把上下級關係搞成人身依附關係，進入「圈子」要交「投名狀」。

儘管這些問題確實只是「個別」「少數」「一些」，但如果不防微杜漸是會蔓延氾濫的，如果不以為然是會傷筋動骨的。組織渙散怎指望一呼百應辦大事，紀律鬆弛必然是烏合之眾無男兒。這些年來政黨戰鬥力、凝聚力、感召力的「軟弱化」，黨員幹部在群眾中的「汙名化」，政令不出中南海的「習慣化」，背後都是組織渙散、紀律鬆弛在作怪。

政黨的本質就是組織起來的政治力量，尤其是著眼於改造世界的馬克思主義政黨只有高度地組織起來、高效地組織起來，把千千萬萬的政黨成員擰成一股繩，把千千萬萬政黨成員的智慧匯聚到一起，把千千萬萬政黨成員的意志指向同一方向，才會化成集體的行動，產生「1＋1＞2」的效果，才會形成建設新世界、開闢新事業的巨大物質力量。習近平總書記在第十八屆中央紀律檢查委員會第三次會議上指出的「黨的力量來自組織，組織能使力量倍增」講的正是這個道理。而紀律正是組織之所以成為組織的「黏合劑」「保障網」「賞罰令」。

應該說黨的十八大以來，從《中國共產黨黨內法規制定條例》到《黨政領導幹部選拔任用工作條例》再到新近的《中國共產黨發展黨員工作細則》等一系列法律法規的修訂完善，中國共產黨在加強政黨組織和紀律建設方面舉措不斷、碩果頗豐；從「八項規定」轉變作風到反對「四風」開展群眾路線教育實踐再到「既拍蒼蠅又打老虎」的反腐倡廉，黨員幹部在遵守和執行黨的紀律方面有了新面貌、新風氣。但是徹底根除組織渙散、紀律鬆弛問題，不可能一蹴而就，也不會一勞永逸，要在持久戰中實現殲滅戰，在殲滅戰中打好特種戰。

所謂殲滅戰，就是一定要強調對紀律鬆弛的零容忍。之所以存在輕視紀律、漠視紀律，不把紀律當回事的現象，甚至還有一些黨員幹部把違反紀律當作解放思想、敢想敢幹的標誌，當作撈好處佔便宜的祕訣，就是因為確實有一些政黨成員嘗到了違紀的好處而沒有受到黨紀的處理。可是紀律之所以是紀律，就在於其有紀必執，有違必查，如果紀律

退化為軟約束或是束之高閣的一紙空文，這樣的紀律還不如沒有，只會讓違紀行為更加肆無忌憚。習近平總書記強調「使紀律真正成為帶電的高壓線」，強調「遵守黨的紀律是無條件的」，無非要求我們回歸紀律的本質，紀律是鐵、紀律是鋼，紀律不能「商量著來」，紀律沒有「情有可原」，紀律不搞「下不為例」，紀律更不會「法不責眾」。

打好特種戰，指的是把嚴肅紀律的重點放在黨員中的幹部、班子中的「班長」和幹部中的高級幹部身上。我們應當承認這些年來紀律的嚴肅性不能很好地體現，與一些高級領導幹部不能嚴於律己有很直接的關係。有很多普通黨員講，領導都不守紀律，我們為什麼要去遵守。我們不主張這樣的說法，但不能忽視這種心態的普遍性及其一定的合理因素。通過近段時間披露出來的違紀案例，我們可以看到一些高級領導幹部違反黨的紀律的問題已經到了觸目驚心的地步。正所謂「楚王好細腰，宮中多餓死」，他們如此不把黨的紀律當回事，他們的部下豈不更是變本加厲。反過來，如果一個省委書記、一個部長是不折不扣執行黨的紀律的模範，是明察秋毫眼裡不揉沙子的標兵，他下面的市委書記、司長局長敢不上行下效保持一致嗎？十八大以來，以習近平同志為核心的中央領導集體在遵守黨紀、轉變作風等各個方面為全黨帶了個好頭。只要我們各級黨員領導幹部，各級黨的組織都像中央領導同志那樣，自覺地一級帶一級，何愁建設不出一個號令嚴明、令行禁止的馬克思主義政黨，何愁培養不出一批信仰堅定、紀律嚴明的黨員幹部。

第二節　民主生活會的「信號塔」和「標杆尺」

民主生活會是黨內政治生活的重要內容，也是保證黨的團結統一、保持黨的先進性和純潔性的一大法寶。開好民主生活會對於提高黨的領導水平和執政能力進而推進黨的建設新的偉大工程意義重大。從《黨章》到《關於新形勢下黨內政治生活的若干準則》都對開好民主生活會提出了明確要求。

怎樣才能把民主生活會開好，開出高品質，使之不流於形式、不淪為表演，不走過場、不是清談，真正成為深刻的黨性檢視和靈魂洗禮，年前中央政治局召開的民主生活會給全黨做出了示範，做出了表率。中央政治局用兩天的時間召開這次民主生活會，並且事先進行了一系列的情況梳理、徵求意見、談心談話等準備工作，政治局委員們認真的發言、充分的交流以及習近平總書記高屋建瓴的總結，使得這次會議從程式到內容為全黨各級組織發出了信號，立出了標尺：民主生活會就要這樣開。

我們要通過民主生活會解決真問題。當代中國正處在實現中華民族偉大復興的關鍵時期，應對偉大鬥爭、推進偉大工程、發展偉大事業不能沒有黨中央的集中統一領導。一個國家、一個政黨，領導核心至關重要。因此，當下民主生活會最重要的主題就是深入領會黨的十八屆六中全會精神，增強對政治意識、大局意識、核心意識、看齊意識的認識，自覺遵守黨的政治紀律和政治規矩，自覺同以習近平同志為核心的黨中央保持高度一致，自覺維護黨中央權威。「四個意識」不是空洞的口號，維護黨中央權威，維護黨中央的核心不能只停留在口頭表態上。中

央政治局民主生活會表明，我們只有以黨的旗幟為旗幟、以黨的方向為方向、以黨的意志為意志，當政治上的明白人；只有從人類發展大潮流、世界變化大格局、中國發展大歷史來認識和把握黨的基本路線，才會真正在行動上向黨中央看齊，向黨的理論和路線方針政策看齊，向黨中央決策部署看齊。

我們要通過民主生活會真解決問題。中國共產黨作為一個有著八千九百多萬黨員、四百四十多萬基層組織又長期執政的政黨，在黨內政治生活中存在這樣那樣的問題是客觀毋庸回避的。要害不在於有沒有問題，有多少問題，而在於如何把這些問題真正解決了。民主生活會就是解決問題的一種重要方式，一個重要武器。比如，對黨忠誠的問題。習近平總書記指出，對黨忠誠，不是抽象的而是具體的，不是有條件的而是無條件的，必須體現到對黨的信仰的忠誠上，必須體現到對黨組織的忠誠上，必須體現到對黨的理論和路線方針政策的忠誠上。通過民主生活會，讓每一個黨員領導幹部都真正明白對黨的信仰的忠誠就是要堅定馬克思主義信仰、堅定社會主義和共產主義信念並為這種理想信念矢志不渝奮鬥，無論遇到什麼困難和挫折都不動搖或背離理想信念；對黨組織的忠誠就是時刻想到自己是黨的人，把相信組織、服從組織視為生命，向組織講真話，報實情，絕不向組織討價還價；對黨的理論和路線方針政策的忠誠就是堅定自信、保持定力，不折不扣、千方百計把藍圖變成方案，把方案變成現實。

我們要通過民主生活會塑造真精神。今日的中國共產黨站上了前所未有的歷史高度，也面臨著前所未有的歷史考驗。如何應對重大挑戰、抵禦重大風險、克服重大阻力、解決重大矛盾，要發揚中國共產黨的真精神。其中最為重要的就是鬥爭精神。正像習近平總書記在中央政治局民主生活會上所指出的，既要敢於鬥爭，又要善於鬥爭，在改革發展穩定工作中敢於碰硬，在全面從嚴治黨上敢於動硬，在維護國家核心利益

上敢於針鋒相對，不在困難面前低頭，不在挑戰面前退縮，不拿原則做交易，不在任何壓力下吞下損害中華民族根本利益的苦果。這樣一種精神的涵養塑造不是一朝一夕，不會一蹴而就，需要不斷地事上磨鍊。民主生活會就是一個很好的訓練場。當我們能在黨內政治生活中堅持戰鬥性，在民主生活會上多用、常用、用夠用好批評與自我批評這一「利器」，做勇於自我革命的戰士，做捍衛黨的事業的戰士，在事關中國特色社會主義前途命運的大是大非問題上勇於鬥爭敢於勝利就是一件水到渠成的事情了。

八項規定從中央政治局管起，中央八項規定這個概念深入人心，在全黨乃至全國把規矩和尺度立了起來；民主生活會樣板從中央政治局開起，無聲的命令、強大的感召力一定會讓中國共產黨各個基層組織的民主生活會煥發出新的活力，邁上新的臺階。

第三節　把我們黨的好傳統恢復和發揚起來

　　黨的群眾路線教育實踐活動關鍵在「實踐」，難點也在「實踐」。「實踐」就是不說空話、不放空炮，真正去做、身體力行。教育實踐活動的四大要求，「照鏡子、正衣冠、洗洗澡、治治病」，每一方面都有其入手處、著力點與硬骨頭。在其中「洗洗澡」的入手處、著力點與硬骨頭——批評與自我批評——尤其需要我們高度重視、認真對待和真正做好。

一、以整風的精神開展批評與自我批評

　　批評和自我批評是中國共產黨一貫的優良傳統作風，是純潔黨的組織、淨化黨員幹部思想的重要武器，也是解決黨內矛盾、推進黨內民主的有效途徑，還是超越區別於其他政黨的重要標誌之一。毛澤東同志曾形象地將其比作「掃灰塵」「照鏡子」「洗臉」，「是抵抗各種政治灰塵和政治微生物侵蝕我們同志的思想和我們黨的肌體的唯一有效的方法」。

　　一個政黨不可能沒有缺點，一個幹部不可能不犯錯誤。尤其是對中國共產黨這樣一個長期執政的政黨來說，缺點錯誤是不可避免的。有了缺點錯誤並不可怕，只要有批評與自我批評就可以防微杜漸，就可以未雨綢繆，就可以藥到病除。反之，政治學上有句名言，當建設性的批評沒有的時候，破壞性的批判就不遠了。

　　而且中國共產黨黨的建設的經驗告訴我們，黨委內部的互相監督、

批評與自我批評是最有效的工具。上級不是能天天看到的，下級也不是能天天看到的，同級的領導成員之間彼此是最熟悉的。在黨委會裡面，同等水平、共同工作的同志在一起有這麼一種方式交交心，真正造成一個好的批評和自我批評的空氣，監督作用就會更有效，決策就會更科學。

鄧小平同志當年講過一句話：「有很多同志都懷念過去我們的黨內生活。既然懷念，就說明大家還記得，那就恢復起來吧。」群眾路線教育實踐活動就是把我們黨的一些好傳統恢復和發揚起來的演兵場和試金石。因此，習近平總書記在黨的群眾路線教育實踐活動工作會議上指出：「洗洗澡，主要是以整風的精神開展批評和自我批評，深入分析發生問題的原因，清洗思想和行為上的灰塵，保持共產黨人政治本色。」這既是搞好教育實踐活動的有效方法，也是搞好教育實踐活動的重要保障。

二、假批評背後是私心私利在作怪

近些年來，一些黨的組織和政黨成員批評與自我批評的作風越來越淡漠了，避重就輕、明貶實褒、正話反說等等把黨內生活庸俗化的現象很有氣候。現在不是有種說法，批評上級怕穿小鞋，批評同級怕傷和氣，批評下級怕丟選票，自我批評怕丟面子。於是乎上級對下級和風細雨，下級對上級暖意洋洋，用中央文件的話就是「逢迎討好、相互吹捧」。結果在你好我好一團和氣中，矛盾越來越尖銳，問題越積越多以至於積重難返。

之所以存在這種走過場、假批評的現象，是兩個原因：

一是中國社會六十餘年來巨大的發展成果和長期的和平環境對我們出現的問題、犯的錯誤具有消化稀釋和緩解延時的功能，不像在戰爭年

代一旦有錯誤當下就要付出血的代價，所以，暫時睜一隻眼閉一隻眼、得過且過問題也不大；二是一些黨員幹部出於私心、為了私利而明哲保身，各人自掃門前雪，我的地盤我做主，你不批評我我也不批評你。

既然批評與自我批評自下而上不好做，就不妨自上而下作表率。在中央政治局民主生活會上，政治局委員們開展了批評與自我批評，這一舉措為在全黨範圍內開展批評與自我批評注入了強有力的正能量。

中央政治局的行為不僅向全黨也向人民群眾表明中國共產黨開展批評與自我批評的決心。這不是虛晃一槍說說而已，而是來真的做實功夫；這不僅可以打消一些黨員幹部虛與委蛇，過了風頭依然如故的僥倖心態，更杜絕一些黨員幹部敷衍了事逢場作戲的消極行為。而且從中央政治局做起，要求別人做到的自己先要做到，要求別人不做的自己堅決不做，這樣的行為具有很強的示範作用。上行下必效，從組織行為的角度，政治局都已經做了，黨的各級組織怎能無動於衷。更重要的是，通過政治局民主生活會的收穫與經驗，可以為全黨開展批評與自我批評確定一些基本的規範，比如在做什麼、不做什麼、怎麼做，做到什麼程度、用什麼樣的力度、以什麼為突破口著力點等等方面做出一些明確的規定，可以讓群眾路線教育實踐活動進行起來更有針對性、更心中有數、更加規範和到位。

三、以整風的精神開展批評與自我批評

要想「治治病」，不先「紅紅臉」「出出汗」是不會有療效的。當年中國共產黨的整風運動之所以發生了很大的效力，就是因為我們在這個運動中展開了正確的而不是歪曲的、認真的而不是敷衍的批評和自我批評。今天我們同樣要以整風的精神開展批評與自我批評。

我們要通過整風觸動靈魂，開好民主生活會，開門搞活動。對馬克

思主義的信仰，對社會主義和共產主義的信念，是共產黨人的政治靈魂。但現在已經有不少身分是「共產黨員」但信仰不是「共產主義者」的失魂落魄分子，在組織上入黨了在思想上沒有入甚至也不準備入黨。對於這樣的人，我們要大喝一聲：「同志，你危險了！」不在靈魂深處自我革命，就躲不過人民群眾對你的革命。

我們還要通過整風觸動利益，懲前毖後，治病救人。之所以在黨的生活中出現了一系列與黨的性質宗旨相背離的現象與行為，其背後是不正當的利益在作怪。但是，「除了法律和政策規定範圍內的個人利益和工作職權以外，所有共產黨員都不得謀求任何私利和特權」，對照黨章「照鏡子」，難道還有什麼既得利益不應該放棄嗎？

對於作風方面出了問題的同志怎麼辦？不搞下不為例，不講情有可原，違反了黨章用黨紀處理，違犯了國法用法律處理。有塵就掃，有病就治。如果已經化膿潰爛，該截肢就截肢，決不能讓壞肉感染了好的肌體。真正這樣做了，群眾路線教育實踐活動就會扎扎實實落到實處。

第四章　制度鑄就

第一節　講認真的八項規定

一、八項規定實施五年多了。

五年多如一日，八項規定就在義無反顧中不離初衷、不打折扣，一以貫之、一路前行而來。

然而，在查處每一個違反八項規定問題的過程中，都會遭遇一些黨員幹部消極對抗甚至公然叫板的境遇，面臨一些群眾圍觀起哄、潑冷水說怪話的情形，讓每前行一小步都步履艱難。

但是，八項規定堅持下來了，並且還將繼續走下去。是什麼讓八項規定能如此堅毅前行又卓有成效？「認真」！毛澤東同志有一句著名的話：「世界上怕就怕『認真』二字，共產黨就最講認真。」八項規定就是當代中國共產黨人講認真的具體體現。

二、明確是非上講認真

八項規定講得好像不是什麼大事。確實像「不張貼懸掛標語橫幅，不安排群眾迎送，不鋪設迎賓地毯，不擺放花草，不安排宴請」；「嚴格控制出訪隨行人員，嚴格按照規定乘坐交通工具」；「不發賀信、賀電，不題詞、題字」等等，對於政治局委員這個層面的幹部來講真是一些「細節」。到後來王岐山同志中秋抓月餅，端午管粽子，新年限賀卡，全面禁止購物卡等等抓「小事」的行為更是讓大家有殺雞用了宰牛刀的感覺。

是中國共產黨避重就輕不抓大事，不啃硬骨頭嗎？不是。正所謂細節不細，小事不小。細節背後是作風，小事反映的是形象。作風形象則是一個政黨大是大非的問題，關係人心向背，關係黨的生死存亡。習近平總書記指出：「工作作風上的問題絕對不是小事，如果不堅決糾正不良風氣，任其發展下去，就會像一座無形的牆把我們黨和人民群眾隔開，我們黨就會失去根基、失去血脈、失去力量。」

所以，八項規定不是拿小事與我們黨員幹部過不去，不是吹毛求疵，而是通過小事看是非，透過細節辨對錯。在是非對錯上必須講認真，不能含混其詞，不能不以為然。是非不明、對錯不分，就會正不壓邪，就會劣幣驅逐良幣，就會「潛規則」登堂入室、「正制度」名存實亡。對是非對錯不能「眼睛裡揉不得沙子」，不能防微杜漸，就會千里大堤毀於蟻穴。習近平總書記曾經打過一個比方，雷峰塔之所以倒塌，就是因為去撿磚的人多了，今天你拿一塊，明天他拿一塊，最後塔就轟然倒掉了。中國共產黨一定要防止溫水煮青蛙現象，防止政黨的本質，政黨的宗旨主義信仰，政黨的先進性、純潔性，在不知不覺中發生變化。

前一段時間有一個村委會主任為了給兒子婚事大辦酒席索性辭職，結果仍然被紀檢部門查處。有人還鳴冤叫屈，人家連官都不幹了還要怎的。姑且不說只要是共產黨員就要接受黨的紀律的約束，僅就其對八項規定的態度與情緒處理他也不冤。我們抓八項規定貫徹落實，看起來是小事，但體現的是一種精神。是中國共產黨人對應該幹什麼、不應該幹什麼的高度自覺與嚴明要求。在這一點上沒有彈性可伸縮，沒有例外可姑且。

三、嚴肅規矩上講認真

八項規定一經出臺，就變成了中國共產黨的紀律，中國共產黨的規矩。對於黨的紀律、黨的規矩更要講認真。這認真就是堅決維護八項規定的嚴肅性和權威性，嚴格遵守八項規定，在八項規定面前人人平等，執行八項規定沒有例外。

嚴肅規矩首先要「嚴」。五年來，八項規定在彰顯紀律規矩嚴肅性方面是很認真的。最近新聞報導，山東一個幹部拿了商戶兩個蘋果未交錢被紀委誡勉談話並通報，又有人驚呼小題大做。我們說這樣的「小題大做」做得好，我們就要認這樣的「真」。在紀律規矩面前，兩個蘋果與兩千萬甚至兩個億是沒有分別的。唯其如此，才能防微杜漸，才能懸崖勒馬。

嚴肅規矩還要注意「密」。八項規定絕不僅僅只是八條規矩，而是中國共產黨對黨員幹部應該幹什麼不應該幹什麼的規矩總成。所以要真正落實八項規定就要用進一步的條例、規定、細則、辦法等等制度把八項規定豐富、細化、可操作化。五年來落實八項規定之所以能取得顯著的成效，就在於我們又相繼制定並出臺了一系列的制度，比如《黨政機關厲行節約反對浪費條例》《關於黨政機關停止新建樓堂館所和清理辦公用房的通知》《黨政機關國內公務接待管理規定》《因公臨時出國經費管理辦法》《中央和國家機關培訓費管理辦法》《關於加強公務支出和公款消費審計的若干意見》《關於在全國紀檢監察系統開展會員卡專項清退活動的通知》等等。這些制度形成了一張嚴密的八項規定之網，讓一切可能的不良行為都無處逃遁。

四、堅持落實上講認真

毋庸諱言，八項規定提出之初並不為社會所看好，雖然後來雷霆萬鈞執行起來，相當一些人仍然不認為能持續多久。於是一些黨員幹部把超標辦公室打個紙板隔斷，把茅臺酒裝到礦泉水瓶子裡，把超標車先寄存朋友處幾天……所有這些都是準備風頭一過，濤聲依舊。

但是，中國共產黨能不能堅持做到八項規定的承諾，能不能兌現自己的承諾，是一個非常重要的問題。習近平總書記說，落實中央八項規定精神是一場輸不起的鬥爭。要贏得這場鬥爭，堅持落實上就要講認真。

這認真體現在踏石留印、抓鐵有痕的勁頭上，體現在善始善終、善作善成的努力上，體現在一錘一錘接著敲的釘釘子精神上，更體現在五年多來的明顯成效上。在不良作風態勢已經有了明顯改觀的背景下，查處力度和規模依然不減，中國共產黨在落實八項規定上的認真可見一斑。王岐山同志曾講，立足本屆，八項規定「我得抓五年」；放眼展望，立足全面從嚴治黨，作風建設永遠在路上，八項規定只有進行時沒有完成時。黨的十九大後，中央政治局又帶了一個好頭，量身定制《中共中央政治局貫徹落實中央八項規定的實施細則》，率領全黨全國人民再出發。

習近平總書記講：「對我們共產黨人來說，講『認真』不僅是態度問題，而且是關係世界觀和方法論的大問題，是關係黨的性質和宗旨的大問題，是關係黨和人民事業發展全域的大問題。這股『認真』勁應該體現在幹事創業的方方面面，也應體現在黨內生活的方方面面。」現在，八項規定給我們開了個好頭，讓我們在協調推進四個全面戰略布局進而實現中華民族偉大復興中國夢的偉大進程中都能保持講認真這樣一種態度、這樣一種勁頭、這樣一種精神。

第二節 「三嚴三實」如何在知行中融入

一切學習都不是為學而學，學習的目的全在於應用。目前正在深入進行的「三嚴三實」專題教育同樣如此。如何化教育為思想，化教育為行動，把「三嚴三實」的要求變成黨員幹部的價值共識，體現在黨員幹部的實踐中，讓「三嚴三實」融入知行、落到實處，需要在理論、制度、行為三個方面下功夫。

一、理論徹底，信而後知

不會有哪一個黨員幹部不知道「三嚴三實」，但是，「知道」不等於「明白」，如果對「三嚴三實」並不相信、沒有接受、也不認同，說得天花亂墜也是不管用的。要在知行中融入，知必須是真知。

那麼如何才能讓黨員幹部真正相信、接受與認同呢？要在理論的徹底性上下功夫。馬克思有一句名言：「理論只要說服人，就能掌握群眾；而理論只要徹底，就能說服人。所謂徹底，就是抓住事物的根本。」我們要通過理論創新，把「三嚴三實」的道理講透、道理講實、道理講正。

講透道理就是堅持理論邏輯的一致性、一貫性，不遮遮掩掩，不說半句留半句，不既賣矛又賣盾。對馬克思主義的信仰，對社會主義和共產主義的信念，是共產黨人的政治靈魂，是共產黨人經受住任何考驗的精神支柱。中國共產黨之所以是中國共產黨，就源於它對共產主義的信仰與對共產主義的不懈追求。沒有了共產主義信仰的共產黨還能是共產

黨嗎？這一提問聽起來好像有些驚世駭俗，其實貫穿其中的是中國共產黨一以貫之的邏輯。

講實道理就是有的放矢，一切從實際出發，不空談理論、不搞文字遊戲。把「三嚴三實」的要求與黨員幹部確立正確的政績觀、事業觀、權力觀、幸福觀結合起來。領導幹部肯定是要追求政績的，什麼才是真正值得追求的政績？體現「三嚴三實」要求的政績；領導幹部當然希望能成就一番事業，怎樣才能做出名垂千古的事業？按照「三嚴三實」的要求去做；如何有權不任性，如何不讓權力變異為走向囹圄的枷鎖，「三嚴三實」就是永保平安的護身符。

講正道理就是堂堂正正、理直氣壯。對於我們必須堅持的旗幟鮮明，對於我們必須反對的疾惡如仇，不能被一些歪理邪說牽著鼻子走。比如，黨內民主是黨的生命毫無疑問，但發展黨內民主是為了增強黨的活力和創造性，是為了建設一個更加有戰鬥力的政黨，而不是要把政黨變為「政治俱樂部」「經濟托拉斯」；又比如，共產黨員當然是人，但是脫離了低級趣味的人，黨性與人性並不矛盾，黨性是人性光輝的昇華。

作為一個以先進性和純潔性為本質屬性的政黨，當然應該對自己的綱領目標、宗旨信仰有高度的自信，當然應該把馬克思主義的信仰，共產主義的信念，全心全意為人民服務的宗旨等等這些精神優勢傳播給每一個政黨成員。在這些方面非徹底不可能得到真知。

二、導向明確，行必有果

「三嚴三實」是對黨員領導幹部提出的要求，「行」當然主要是黨員領導幹部要行。但是，從行為發生學的角度看，要讓政黨成員行，政黨要先行，組織要先行。畢竟有意義、有效果的行不能是孤立個體的孤

立作為，政黨、組織要通過制度安排形成明確的導向，嚴者進、鬆者退，實者上、虛者下，為黨員幹部的「真行」營造氛圍、創造條件。

為什麼現在有一些黨員幹部不敢真的去踐行「三嚴三實」，不願意真的去踐行「三嚴三實」，現實政治環境沒有形成好的導向。前一段時間來，一些基層黨組織潛滋暗長出一種不良的政治生態。遵紀守法埋頭實幹的幹部處處受排擠，胡作非為好大喜功的幹部如魚得水加官晉級，結果「不進圈子難進班子」「不跑不送原地不動」等等。如果這樣的從政環境、政治生態不能有效遏制消除，身處其中的黨員幹部怎麼敢、怎麼願意去踐行「三嚴三實」？理論的徹底一定要變為制度的嚴明，既然倡導就要讓它變為現實，言必行、行必果。專題教育突出問題意識，重點指向政治生態，就是要倡正氣，營造踐行「三嚴三實」的黨員幹部脫穎而出的制度環境，讓黨員幹部看到，只要真正踐行「三嚴三實」就會有更高的平臺、更廣闊的舞臺可以為黨工作、為人民服務，可以實現抱負、可以成就事業；只要真正踐行「三嚴三實」，黨就會信任，群眾就會擁護，社會就會尊重。

明確導向在扶正的同時還要袪邪。通過查處一些不嚴不實的現象「以案說法」對黨員幹部的思想靈魂觸動會更大。懲處一個教育一片，這樣的效果更明顯。十八大以來，我們黨在轉變作風反腐敗方面積累了很多好的經驗，比如，零容忍、猛藥去疴、刮骨療毒、嚴厲懲處等等，這樣的好做法同樣要通過制度化的安排體現在「三嚴三實」的專題教育中。

當「正制度」壓倒了「潛規則」，踐行「三嚴三實」的人就會再接再厲，不嚴不實的人則不再敢有僥倖之心，「真行」也就有了堅實的實踐基礎。

三、事上磨鍊，知行合一

有的同志可能會說，我對「三嚴三實」是真相信，也真的想去做，但往往一到具體的事情上就好像手腳不聽使喚，總也做不到位。這說的不是假話，但為什麼會是這樣呢？事上磨鍊不夠。「紙上得來終覺淺，絕知此事要躬行」。

哲學上常講沒有抽象的人，只有具體的張三李四王五趙六。「三嚴三實」也不是抽象的政治要求，只能存在於具體的政治實踐中，通過具體的政治行為來體現。我們以「嚴以修身」為例，小而言之能不能做一個有道德的好人，大而言之是不是一個有信仰的共產黨人，所有這一切都要通過一件一件具體的事情來證明。處貧賤而不移，不為五斗米折腰；遇富貴而不淫，不為聲色所惑；遭威武而不屈，不向強權低頭，做到這些就是一個好人。與對手交鋒敢於亮明自己的信仰、捍衛自己的信仰，為群眾服務能全心全意、無怨無悔，對黨忠誠無保留、無折扣、無小算盤，做到這些就是一個合格的共產黨員。

事上磨鍊不可能一蹴而就，也不會一勞永逸。所謂修養，不論是修煉還是養成，講究的是工夫，而這工夫正是通過做一件又一件具體事情不斷積累起來的。這些事情開始做的時候可能需要努力而為、需要強勉而行，甚至還要有外在的剛性約束，等做多了、做久了就會習慣成自然，就會從心所欲而不逾矩。到這個時候，知就是行，行也就是知，不僅知行合一，而且以知促行，以行增知，知行良性互動，「三嚴三實」自然就在其中了。

第三節　在學上下大功夫，做真功夫

「兩學一做」基礎在學，因而要打牢基礎就要在學上下大功夫，在學上做真功夫，力爭做到學有所獲、學有所用。

首先，要原原本本系統學。不論是學黨章黨規，還是學習近平總書記系列重要講話，一定要系統讀原文，深入悟原理，不要做「二傳手」，不要用輔導材料代替原著原文，更不要斷章取義、蜻蜓點水，只見樹木不見森林。《黨章》是中國共產黨人的「總依歸」，黨的信仰、黨的綱領、黨的宗旨、黨的要求、黨的制度以及黨員權利義務等等內容在《黨章》裡寫得清清楚楚、明明白白。系統學認真悟，就會真正搞清楚中國共產黨是一個什麼樣的政黨，中國共產黨黨員應該成為一種什麼樣的人這樣一些根本性的問題；習近平總書記系列重要講話是馬克思主義中國化的最新成果，是中國特色社會主義的最新成果，是指導我們進行具有許多新的歷史特點的偉大鬥爭的鮮活的馬克思主義，其豐富內涵、核心要義、精神實質不下苦功夫、不深入進去是不可能真正掌握的。

其次，要相互連繫貫通學。一是把《黨章》與具體黨規貫通起來學，用總章程引領黨紀黨規，用黨紀黨規貫徹總章程。《黨章》規定了黨的理想信念宗旨，總結了黨的優良傳統和作風，為黨員確立了高標準；黨規黨紀則具體規定了哪些可以做，哪些必須做，哪些碰都不能碰，為黨員劃出了底線。守住底線，爭取高線，方能從心所欲而不逾矩。二是把習近平總書記系列重要講話與馬克思列寧主義、毛澤東思想和中國特色社會主義理論體系貫通起來學，深刻領會黨的思想理論一脈

相承中的與時俱進，堅定堅持中的創新發展；深刻領會新一代中國共產黨人對共產黨執政規律、社會主義建設規律和人類社會發展規律的科學認知與自覺遵循。三是把黨章黨規與習近平總書記系列重要講話貫通起來學，既心中有戒、行為有規矩，又頭腦有武裝、實踐不糊塗。習近平總書記系列重要講話無不源自《黨章》，處處透視著對《黨章》的尊崇。治國理政新理念新思路新戰略背後的大原則總源頭是《黨章》，《黨章》總規矩大要求在實踐中的展開、對時代問題的回應，則充分體現在系列重要講話中。用系列重要講話精神武裝了頭腦，對《黨章》的遵守就會更自覺；心中有《黨章》，自然就會向黨中央看齊，向黨的理論和路線方針政策看齊，做政治上的明白人。

再次，要連繫實際用心學。「兩學」為了「一做」，「一做」檢驗「兩學」，因學而懂，懂而後信，信便能做。在這一過程中，入心入腦最為關鍵，不能小和尚念經有口無心。每個黨員都要連繫自己的實際反躬自問、三省吾身：是否有理想信念模糊動搖的問題，對共產主義缺乏信仰，對中國特色社會主義缺乏信心；是否有黨的意識淡化的問題，在黨不言黨、不愛黨、不護黨、不為黨；是否有宗旨觀念淡薄的問題，漠視群眾疾苦、損害群眾利益，整天打自己的小九九小算盤；是否有精神不振的問題，藉口不讓亂作為就索性不作為，在一個地方工作多年濤聲依舊；是否有道德行為不端的問題，驕奢淫逸、傷風敗俗，為群眾所不齒，為社會所鄙夷等等。對於查找出來的問題，有則改之，無則加勉。能立竿見影則打殲滅戰，需要潛移默化就打持久戰。

最後，需要特別指出的是，「兩學一做」不是活動但不等於不搞活動，常態化的學習不拒斥有組織有形式有考核。培育一種氛圍鼓勵黨員學習，形成一種態勢要求黨員學習，創新一些形式激發黨員學習，這一切同樣需要下大功夫、做真功夫。

第四節 制度建設的黨內政治文化支持

　　黨內政治文化是一種客觀的歷史存在，它在政黨政治實踐中積澱而成，又貫穿著政黨政治實踐全過程，並且對政黨政治運行發揮著巨大的影響力。黨內政治文化先進健康，政治生態就會風清氣正，政治實踐自然正大光明；黨內政治文化不先進不健康，政治生態就會出問題，政治實踐甚至會發生異化。習近平總書記在黨的十八屆六中全會上提出：「要注重加強黨內政治文化建設」，這既是對政黨政治發展規律的深刻認知，也是對今日中國共產黨加強黨內政治文化建設的動員令。

一、黨內政治文化的基本屬性

　　正如關於文化的定義仁者見仁智者見智一樣，對黨內政治文化也不容易給出一個能為所有人一致接受的定義，但這並不影響我們對黨內政治文化的感知、認識與把握。透過豐富多樣的黨內政治文化現象，緊緊抓住黨內政治文化的一些突出特點，對黨內政治文化的基本屬性做一個總體的梳理與界定是必要的也是可能的。

二、黨內政治文化是一種信仰文化

　　信仰是一個政黨的政治靈魂，也是一個政黨政治實踐的初心、出發點與歸宿。一個政黨的政治實踐為什麼要這樣做而不那樣做，為什麼要堅持這樣的價值而不是別的什麼價值，為什麼要追求這樣的目標而不是

別的什麼目標，根源在於政黨的信仰。因而，政黨的信仰會深刻地主導並塑造著政黨政治文化的精神內核，使得黨內政治文化呈現出一種鮮明的信仰文化特點。

中國共產黨把對馬克思主義的信仰，對社會主義和共產主義信念作為自己的政治靈魂，作為精神上的「鈣」，體現在政治文化上自然就是革命理想高於天，勇於為信念奮鬥、為理想獻身；就是對中國特色社會主義共同理想虔誠而執著、至信而深厚；就是把人民群眾放在心中最高位置，全心全意為人民服務。這樣一種信仰文化，對於中國共產黨經受「四大考驗」，克服「四種危險」，始終保持共產黨人的蓬勃朝氣、昂揚銳氣、浩然正氣意義重大。

正是基於這樣一種信仰文化的品質，中國共產黨的黨內政治文化與一切迷惘遲疑的觀點，一切及時行樂的思想，一切貪圖私利的行為，一切無所作為的作風，都是格格不入的。

三、黨內政治文化是一種組織文化

黨內政治文化當然會影響並通過每一個政黨成員的思想行為反映出來，每一個政黨成員也是黨內政治文化的塑造者、擔當者、實踐者。但嚴格意義上講，黨內政治文化是一種組織文化而不是個體文化。

中國共產黨作為馬克思主義政黨，是一個高度組織起來的政黨，統一思想、統一意志讓政黨更團結、更有戰鬥力。組織的特點決定了黨內決不允許自行其是、各自為政，決不允許有令不行、有禁不止，決不允許搞上有政策、下有對策。黨內政治文化必須要也客觀上集中體現了中國共產黨作為一個政治組織對政治實踐的文化思考與價值導向。像要求對黨忠誠老實、光明磊落，說老實話、辦老實事、做老實人；要求如實向黨反映和報告情況，反對搞兩面派、做「兩面人」，反對弄虛作假、

虛報浮誇，反對隱瞞實情、報喜不報憂等等，都是從組織的角度進行的文化建構與文化要求。也正是基於組織文化的特點，政治意識、大局意識、核心意識、看齊意識是中國共產黨黨內政治文化的主基調，而個人主義、分散主義、自由主義、本位主義等等則同樣與黨內政治文化是格格不入的。

四、黨內政治文化是一種實踐文化

與其他類型的文化相比，黨內政治文化作為信仰文化和組織文化，更為突出的特點是強烈的實踐導向。黨內政治文化不僅僅是對黨內政治實踐進行文化反映與文化構建，更主要的是對黨內政治實踐提供文化支持與文化導引；不僅僅著眼於描述政治、解釋政治，更致力於影響政治、塑造政治。

不同的政治文化會產生不同的政治行為，生成不同的政治實踐。過去一段時間裡，中國共產黨內一些人無視黨的政治紀律和政治規矩，為了自己的所謂仕途，為了自己的所謂影響力，搞任人唯親、排斥異己的有之，搞團團夥夥、拉幫結派的有之，搞匿名誣告、製造謠言的有之，搞收買人心、拉動選票的有之，搞封官許願、彈冠相慶的有之，搞自行其是、陽奉陰違的有之，搞尾大不掉、妄議中央的也有之。凡此種種皆是關係學、厚黑學、官場術、「潛規則」等庸俗腐朽政治文化結出的「苦果」，種下的「惡果」。反過來，黨的十八大以來，一大批想幹事、能幹事、幹成事的領導幹部脫穎而出，展現出敢於擔當、奮發有為的精神狀態，形成了幹部清正、政府清廉、政治清明的政治生態，皆源於「為民、務實、清廉」以及「忠誠、乾淨、擔當」的政治文化的積極導引。

五、黨內政治文化的文化底蘊

我們警惕庸俗腐朽政治文化對黨內政治文化的侵蝕，也強調與西方社會的一些政治文化劃清界限，但這絕不意味著黨內政治文化是一座文化上的「飛來峰」。中國共產黨的黨內政治文化有堅實的實踐源泉，也有深厚的文化傳承。中華優秀傳統文化、革命文化、社會主義先進文化是中國共產黨黨內政治文化的底蘊和滋養。

中華優秀傳統文化是黨內政治文化之「根」。中華優秀傳統文化中關於天下為公、大同世界的思想，關於自強不息、厚德載物的思想，關於以民為本、安民富民樂民的思想，關於為政以德、政者正也的思想，關於苟日新日日新又日新、革故鼎新、與時俱進的思想，關於腳踏實地、實事求是的思想，關於經世致用、知行合一、躬行實踐的思想，關於集思廣益、博施眾利、群策群力的思想，關於仁者愛人、以德立人的思想，關於以誠待人、講信修睦的思想，關於清廉從政、勤勉奉公的思想，關於儉約自守、力戒奢華的思想，關於中和、泰和、求同存異、和而不同、和諧相處的思想，關於安不忘危、存不忘亡、治不忘亂、居安思危的思想等等，是五千餘年政治發展的文明結晶，是歷代前賢薪火相傳的政治智慧，這些文化精神不僅可以為中國共產黨認識和改造世界提供有益啟迪，更可以為治國理政提供有益啟示，是黨內政治文化最豐富的精神寶庫。

革命文化是黨內政治文化之「魂」。一切偉大的成就都是接續奮鬥、接力探索的結果，一切偉大的事業都需要在承前啟後、繼往開來中推進。中國共產黨的黨內政治文化建設同樣如此。對中國共產黨人來說，中國革命歷史是最好的營養劑，革命文化是最可寶貴的精神優勢。無論是「堅定執著追理想、實事求是闖新路、艱苦奮鬥攻難關、依靠群眾求勝利」的「井岡山精神」，還是「謙虛謹慎、艱苦奮鬥、實事求

是、一心為民」的「西柏坡精神」，以及「紅船精神」「長征精神」「延安精神」等等那些在革命實踐中積澱下來的紅色基因，都是中國共產黨黨內政治文化須臾不能缺的精氣神，是不忘初心的主心骨，是永不變色的護身符。有了這些文化精神作為「壓艙石」，我們就會開天闢地、敢為人先，就會堅定理想、百折不撓，就能立黨為公、忠誠為民；用革命文化塑魂鑄魄，中國共產黨人在「新的偉大革命」的征程中，在進行具有許多新的歷史特點偉大鬥爭中就會更有底氣、更加自信。

社會主義先進文化是黨內政治文化之「本」。黨內政治文化是社會主義先進文化的重要組成部分，是社會主義先進文化在中國共產黨政治實踐中的文化反映。馬克思主義是社會主義先進文化的指導思想，也是黨內政治文化的指導思想；社會主義核心價值觀是社會主義先進文化的價值追求，也是黨內政治文化的價值追求；以愛國主義為核心的民族精神，以改革創新為核心的時代精神同樣貫穿黨內政治文化並且還進一步發揚光大。黨內政治文化建設離開了社會主義先進文化就會成為無源之水、無本之木。堅持和發展中國特色社會主義是今日中國共產黨人的最大政治，把踐行中國特色社會主義共同理想與堅定共產主義遠大理想統一起來，不斷增強中國特色社會主義道路自信、理論自信、制度自信，是黨內政治文化題中應有之義。

六、黨內政治文化的若干關係

黨內政治文化是政黨政治活動這一大系統中的一個環節，政治文化發揮作用離不開系統中的其他要素，政治文化的建設同樣離不開與相關環節的協調配合。習近平總書記指出：「黨內政治生活、政治生態、政治文化是相輔相成的」，講的正是黨內政治文化要處理好的若干關係。

與黨內政治生活的關係。黨內政治生活是黨組織教育管理黨員和黨

員進行黨性鍛鍊的主要平臺，是政黨形象最鮮活的展現。從一個人的生活能看出你是一個什麼樣的人，同樣從一個政黨的黨內生活也能看出你是一個什麼樣的政黨。如何讓黨內政治生活真正嚴肅規範起來，真正發揮其應有的作用，需要黨內政治文化「塑魂」。習近平總書記指出「政治文化是政治生活的靈魂」。黨內政治生活之所以能成為解決黨內矛盾和問題的「金鑰匙」，成為廣大黨員、幹部錘鍊黨性的「大熔爐」，成為純潔黨風的「淨化器」，先進健康的政治文化是根本。反過來，黨內政治生活開展好了，黨內政治文化就有了更廣大的「試驗田」「演兵場」。

與黨內政治生態的關係。前些年來因不良政治生態而違心被迫同流合污的腐敗幹部並不是小數目，因不良政治生態而淘汰消失的優秀正直黨員幹部甚至更多。這不僅是黨員幹部個人的損失，更是黨的形象和事業的損失。「文化」與「生態」互為因果，相互轉化。黨內政治文化不健康，黨內政治生態就會嚴重惡化；黨內政治生態惡化，黨內政治文化也不可能正氣浩然。習近平總書記指出：「政治生態和自然生態一樣，稍不注意，就很容易受到污染，一旦出現問題，再想恢復就要付出很大代價。」政治文化對政治生態具有潛移默化的影響，但這一過程是漸進的。冰凍三尺非一日之寒，用政治文化涵養政治生態要有「病去如抽絲」的心理準備與戰略定力。

與黨內制度法規的關係。文化是制度的價值導引與價值反映，制度是文化的價值載體與價值保障。黨內政治文化與黨內制度法規的關係同樣如此。如何把中國共產黨人對信仰的執著、對事業的忠誠、對使命的擔當等等這些精氣神真正體現在政治實踐中，如何把中國共產黨人實現中華民族偉大復興中國夢的堅定決心與堅強意志真正貫穿政治活動全過程，如何讓實事求是、理論連繫實際、密切連繫群眾、批評和自我批評、民主集中制、嚴明黨的紀律等這些黨在長期實踐中形成的基本規範

真正走進黨內政治生活，如何讓黨內監督真正落到實處、見到實效，還是制度靠得住。要用一系列科學規範有效的制度與體制把我們的文化精神、價值倡導固定下來，讓它們不僅成為每一個黨員幹部應該具備的政治品德，更是每一個黨員幹部必須做到的從政準則。在這個意義上，黨內政治文化與黨內制度法規的關係其實就是依規治黨與以德治黨關係的具體化。

政黨品格篇

第五章　政治覺悟

第一節　境界、品質與靈魂

一、覺悟是一種境界

　　曾經一段時間，我們不怎麼講「覺悟」了，好像成為共產黨人是一件唾手可得的事情，只要把相關程式走到即可，一日成為共產黨員，終生就是共產黨員。這樣的想法大錯特錯，在實踐中危害甚大。雖然「覺悟」不是中國共產黨的發明，但是中國共產黨把它發揚光大，作為共產黨人的入門課、終身事、每日功，作為錘鍊黨性、實踐信仰的試金石。所以習近平總書記特別強調：「黨的領導幹部必須講覺悟、有覺悟」。

二、覺悟是中國共產黨人的「入門課」

　　覺悟，覺則不昏，悟則不迷。說到底是對世界觀、人生觀、價值觀的一種選擇、一種取捨。面對公和私、義和利、是和非、正和邪、苦和樂的矛盾，是選擇前者還是後者，靠的就是覺悟。習近平總書記說：「覺悟了，覺悟高了，就能找到自己行為的準星。」講的正是這個道理。

　　中國共產黨在《黨章》中明確寫道：「中國共產黨黨員是中國工人階級的有共產主義覺悟的先鋒戰士」。把有無「共產主義覺悟」作為黨員與非黨員的分水嶺，強調的正是「覺悟」對於共產黨員的基礎性意義。馬克思主義是當今世界顛撲不破的科學真理，共產主義是人類社會最美好的理想，但是在世界七十多億人中選擇了馬克思主義和共產主義

的也就是一億人上下，不是說其他人不聰明、不理性，而是說他們沒有也不願意有這樣的覺悟，所以他們成不了共產黨人。

我們經常講要思想上入黨，講的也是覺悟。如果一個人雖然出身工人階級也履行了各種入黨程式，但是沒有確立起馬克思主義的世界觀，沒有準備為共產主義奮鬥終生，不能把自己與工人階級與勞動者緊緊融為一體，不敢與舊世界徹底決裂，也不能算是真正的共產黨員；反過來，一個人雖然可能出身於其他階級階層，但他覺悟了，背棄了既有的階級階層，把工人階級作為自己的階級歸屬，把共產主義作為自己的奮鬥目標，他就是中國共產黨的合格黨員。中國共產黨早期很多優秀黨員就是這樣鍛造出來的。

三、覺悟是中國共產黨人的「終身事」

覺悟不是一朝一夕的事情，也不是一勞永逸的事情。從小覺悟走向大覺悟，從淺覺悟變為深覺悟、高覺悟，更是一輩子的事情。尤其對於共產黨員來說，保持共產黨人的覺悟不放鬆、不動搖、不褪色是貫穿一生的黨性修養與錘鍊，生命不息、覺悟不已。

「四大考驗」說到底就是對共產黨員覺悟的考驗，「四種危險」究其根本是喪失覺悟導致的危險。執政時間長了，會不會習慣性地為執政而執政，忘記了初心，忘記了當初為什麼執政；深化改革擴大開放會不會「丟棄自家寶，沿街去乞討」，妄自菲薄犯顛覆性的錯誤；搞市場經濟如何在經濟領域按市場規則辦事的同時不把商品交換那一套搬到黨內政治生活和工作中來，不搞權錢交易；在外部環境更加錯綜複雜甚至誘惑多多的情況下，如何「咬定青山不放鬆」，如何「穩坐釣魚臺」，等等。所有這些考驗從不間斷也不會休止，把持得住則百煉成鋼、百毒不侵，會對建設偉大事業更加自覺、對推動偉大工程更加堅定、對贏得偉

大勝利更加自信；把持不住則會由覺轉昏，從悟變迷，不可避免導致精神懈怠、能力不足、脫離群眾、消極腐敗。

四、覺悟是中國共產黨人的「每日功」

如何做到覺而不昏，悟而不迷，讓覺悟始終保鮮，需要時時修養，事事磨鍊。覺悟是思想境界的提升，更是日常行為的積累。共產黨員是否有覺悟，覺悟是高還是低不能靠自我標榜，不能自以為是，關鍵要看我們的行為是否符合黨的宗旨，用習近平總書記的話講就是「最終檢驗的是對黨和人民的忠誠」。

共產黨員日常的每一件工作，每一個行為既是覺悟的體現，又是對覺悟的養護。對共產黨員來說，覺悟絕不僅僅是想清楚一些「好道理」，更是做對了一些「實事情」：比如，在社會對房地產市場投資投機越來越習以為常的情況下，能堅定地做出「房子是用來住的，不是用來炒的」決策，這就是覺悟；又比如，面對反腐敗過程中出現的巨大壓力與挑戰，能豪邁地說出「沒有免罪的『丹書鐵券』，也沒有『鐵帽子王』」，這還是覺悟；還比如，在全面建成小康社會過程中滿懷深情反覆要求「一個都不能少」，這更是覺悟。

當每一個共產黨員、特別是領導幹部能自覺地向習近平總書記看齊，通過黨性修養和黨內生活鍛鍊不斷提高覺悟，通過工作實踐和鬥爭磨礪不斷堅定覺悟，我們就可以自豪地說，我是共產黨員，我永遠是真正的共產黨員。

五、忠誠是一種品質

孔子的學生曾參說「吾日三省吾身」，並且把「為人謀而不忠乎」

作為第一「省」。這一回答深得孔子讚許，以至於給了「參乎！吾道一以貫之」的至高評價。因為就孔子看來，「忠」是人處世接物的第一核心要義，正所謂「夫子之道，忠恕而已矣」。

撫古思今，今天中國共產黨的領導幹部為人民謀、為國家謀、為中華民族偉大復興謀，權力更大、責任更重，恐怕更應該甚至更必須「三省吾身」並且首先捫心自問：我忠誠嗎？

與一般意義上的忠誠相比，黨員領導幹部的忠誠是有明確指向的，最首要的同時也最根本的是對黨忠誠。對黨忠誠自然就會對人民忠誠、對國家忠誠，這三者是高度統一的。而且，對黨忠誠，不是抽象的而是具體的，不能光聽表態關鍵要看行動，要體現到對黨的信仰的忠誠上、對黨組織的忠誠上、對黨的理論和路線方針政策的忠誠上，三個方面缺一不可。

身為黨員，只想要「共產黨員」這個身分而不想也不去做「共產主義者」，不信仰馬克思主義，不願意為共產主義奮鬥終生；面對外人對政黨信仰的挑釁，不亮劍不戰鬥，含糊其詞，語焉不詳，還自我標榜「開明紳士」；更有甚者吃飯砸鍋，公開質疑嘲弄政黨的宗旨主義綱領，還美其名曰「解放思想」，這樣的黨員就是掛羊頭賣狗肉，根本不可能對黨忠誠。

身為黨員，不守紀律不講規矩，把組織當成來去自由的「大車店」、各取所需的「大賣場」、自行其是的「私人俱樂部」；不能時時記住自己是有組織的人，對組織陽奉陰違，不老實、不本分，做「兩面人」；更有甚者拉幫結派、團團夥夥，搞「獨立王國」，這樣的黨員全然沒有黨的意識，何談對黨忠誠。

身為黨員，不能用黨的理論武裝頭腦，對黨的路線方針政策斷章取義、「我注六經」，合意的執行，不合意的就不理睬，甚至還以闖紅燈、打擂臺、夾私貨為榮，這樣的黨員成事不足敗事有餘，離對黨的忠誠差

距不止十萬八千里。

　　黨員領導幹部講忠誠，就要經常在這三個方面對對表，哪些方面做到了，哪些方面沒有做到；哪些方面做得好，哪些方面做得不好。對表的時候既要定性，還要定量，既要看一時一事，還要看常態持久，既要看表現出來的行為，還要看背後的動機覺悟。這就涉及對忠誠品質的考量，也就是我們經常講的忠誠度的問題。

　　習近平總書記談到忠誠時用過兩個詞，一個是「絕對」，一個是「純粹」，角度不同但立意相同、要求一致。用「絕對」和「純粹」來對忠誠度對表，就是要求黨員領導幹部要做到對黨忠誠是唯一的，是一心一意的忠誠，不能三心二意，總想著更換門庭，更不能朝三暮四，有奶便是娘；對黨的忠誠是徹底的，是全心全意的忠誠，不能半心半意，老想著打折扣、留後手，有時忠誠有時不忠誠，在一件事情上忠誠在另外一件事情上不忠誠；對黨的忠誠是無條件的，不能討價還價，對自己有好處就忠誠，沒有好處就不忠誠，給的好處多就多些忠誠，給的好處少就少些忠誠；對黨的忠誠不摻任何雜質、沒有任何水分，不能憑個人好惡，搞江湖義氣，有私人感情就忠誠，沒有感情就不忠誠。黨員領導幹部一定要清醒地認識到，對黨忠誠不是對某一個領導幹部個人盡忠，黨內決不能搞人身依附關係，不能變成封建依附的門客、門宦、門附，否則忠誠就是南轅北轍、甚至南橘北枳。中國古語「小忠忠身，大忠忠道」，講的就是這個道理。

　　最後要強調的是，對黨絕對忠誠是最重要的政治紀律，守住紀律底線是最基本的政治要求，在這一點上來不得半點含糊。但是，勉強的忠誠是不管用也靠不住的。真正遵守好這一紀律的關鍵不是來自外在的強制而是來自黨員領導幹部內在的自覺。所以說到底，忠誠又是對黨員領導幹部覺悟境界的一種考驗。當黨員領導幹部做到對信仰虔誠而執著，為了信仰義無反顧；融個體「小我」於組織「大我」，心甘情願做黨的

螺絲釘；把個人榮辱得失與黨的事業興衰成敗緊緊相連，對黨的忠誠就有了堅實而又可靠的基礎，對黨的忠誠就會絕對而純粹。

忠誠沒有休止符，覺悟永遠在路上。讓我們用覺悟鍛造忠誠，用行動證明忠誠，為實現中華民族偉大復興中國夢注入強大正能量。

六、政治是靈魂

政黨是政治組織，丟掉了政治就失去了靈魂。尤其對於馬克思主義政黨來說，講政治是突出的優勢和特點。習近平總書記在省部級主要領導幹部學習貫徹十八屆六中全會精神專題研討班開班式上開宗明義強調：「我們黨作為馬克思主義政黨，必須旗幟鮮明講政治」，彰顯的是馬克思主義政黨矢志不渝的政治本色，宣示的是中國共產黨一以貫之的實踐邏輯。

政治問題，任何時候都是根本性的大問題。信仰什麼、追求什麼、倡導什麼是政治，我是誰、依靠誰、為了誰是政治，舉什麼旗、走什麼路是政治，維護中央權威、向核心看齊還是政治。至於說「政治是集中了的經濟」「戰爭是政治的繼續」等等這些早已為實踐反復證明的顛撲不破的至理名言更是凸顯出政治之「大」、政治之「要」。習近平總書記講「得其大者可以兼其小」。把握住了政治之「大」，綱舉目張，我們黨就風清氣正、團結統一，充滿生機活力，黨的事業就蓬勃發展。反之，就弊病叢生、人心渙散、喪失鬥志，各種錯誤思想得不到及時糾正，給黨的事業造成嚴重損失。

事變時移，講政治的方式方法、內涵外延勢必會有相應變化，但是不能不講政治，也不可能不講政治。我們有一些同志可能對過去有段時間政治講過頭的做法心有餘悸，於是「一朝被蛇咬，十年怕井繩」，開始避談政治。甚至在一些別有用心的外人蠱惑之下，犯了政治冷漠症，

信奉政治虛無主義。這不僅是政治模糊，更是政治糊塗。其實不講政治本身也是一種政治，只不過是別人的政治，不是馬克思主義的政治，不是中國共產黨人的政治。

今天在中國社會一些人中很有影響的政治虛無主義正是別人最大的政治。當我們因之對自己的道路、理論、制度、文化喪失了自信，對自己的歷史、奮鬥、征程開始了懷疑，對自己的英雄、偉人失去了尊重，對自己的權威、核心不再看齊，我們就落入了別人的政治陷阱，犯了萬劫不復的顛覆性錯誤。「共產黨不講政治還叫共產黨嗎？」習近平總書記的提問如黃鐘大呂，促我們深思，讓我們警醒。

矯枉，但不能過正。在新的歷史時期，我們不搞政治掛帥，卻不能丟掉政治這一靈魂。執政，執的是「政治」；治國理政，理的也是「政治」。一定要堅持從政治上觀察問題，從政治上思考問題，從政治上解決問題。比如，現在大家對腐敗問題很警覺，其實政治上出了問題，對黨的危害不亞於腐敗問題、甚至比腐敗問題更嚴重。而且腐敗問題從來不是也不會是單純的腐敗問題，背後往往伴生或大或小的政治問題。黨的十八大以來我們黨之所以能形成反腐敗鬥爭壓倒性態勢，就是因為始終從政治的高度認知腐敗，從政治的高度反對腐敗。

講政治不是空喊政治口號，體現在堅定不移堅持黨的領導中，體現在推進黨的建設新的偉大工程中，體現在黨和國家的各項工作中。如果中國共產黨領導核心地位越來越鞏固，黨中央權威得到很好維護，黨的組織更加嚴密、黨的紀律更加嚴肅；如果我們黨自我革命的勇氣有了大提升，自我淨化能力有了大增強，排毒殺菌的政治免疫力有了大提高；如果「五位一體」的總體布局不斷完善，「四個全面」戰略布局協調推進，新發展理念深入貫徹見諸實踐，中華民族偉大復興中國夢離我們越來越近，我們的政治就講到了位也講得好。

講政治不是玩弄政治遊戲，體現在政治立場、政治價值、政治品格

上。對中國共產黨來說，民心是最大的政治，是否得民心是政治講得好與壞、對與錯的最高標準。中國共產黨的政治是體察民情、反映民意、順應民心的正大光明，是不斷增強最大多數人民群眾獲得感、幸福感的身體力行，不是見風使舵的「投機政治」，不是謀取私利的「金錢政治」，更不是少數人玩弄的「寡頭政治」「政客政治」。

當然，僅僅有講政治的覺悟是不夠的，還要有講政治的能力。不會講政治、講不好政治不僅幫不了忙還會添亂。習近平總書記要求領導幹部「使自己的政治能力與擔任的領導職責相匹配」強調的正是這一點。對於領導幹部來說，加強政治歷練，積累政治經驗，自覺把講政治貫穿於黨性鍛鍊全過程，是提高政治能力的不二法門。

第二節　覺悟、擔當與使命

一、不忘初心見覺悟

「不忘初心」這句話對今天的中國共產黨人來說已經不陌生了。從習近平總書記在慶祝中國共產黨成立九十五周年大會上的講話中言之諄諄提不忘初心的要求，到黨的十九大報告上開宗明義講不忘初心的主題，再到即將在全黨開展的主題教育，習近平總書記不斷的重申強調讓這句話已經深深烙印在了每一個中國共產黨人的心中。

但熟知不等於真知，真知還要能行。要把這句話真正想明白、做得到，就不能把它當作是一句簡單的引語、一種即興的表達，而是要深深感悟這句話所宣示的中國共產黨的信仰、宗旨、立場，切實踐履這句話所體現的中國共產黨的政黨自覺、歷史自覺、時代自覺。

二、先講政黨自覺

初心即本來，初心即規定。初心決定了一個政黨為什麼是這個樣子而不是別的什麼樣子，初心規定了一個政黨從哪裡來、到哪裡去、要做什麼、為誰而做。習近平總書記在黨的十九屆一中全會上講得很明確：「為人民謀幸福，是中國共產黨人的初心。」對於中國共產黨來說，不忘初心，就是對信仰、主義、宗旨、立場的一以貫之，堅定不移。中國共產黨為什麼偉大、為什麼光榮，為什麼先進、為什麼優秀，就因為它能做、它已經做、它正在做、它永遠做世界上其他政黨不願意做也做不

了的事情。這樣的事情表現形式有很多，但歸結到一點就是「為人民謀幸福」。中國共產黨從立黨之日起是如此，從執政之日起同樣是如此，甚至可以講中國共產黨正是因之而立黨，因之而執政。不信仰共產主義了，還能算是中國共產黨嗎？背離了人民立場，還能成其為中國共產黨嗎？時時發出這樣的黃鐘大呂之問以自警、以自戒、以自勉，正是中國共產黨高度的政黨自覺。

三、再談歷史自覺

我們可以理直氣壯地講，為人民謀幸福，讓中國共產黨「高黨一等」，站上了超越世界上其他政黨的道義制高點。要說世界上還有哪個政黨更有資格自信的話，就是中國共產黨。但我們並不能因此講中國共產黨就「高人一等」，好像我們「是何等人物」給了人民多大恩賜。人民，只有人民才是歷史的創造者，這是歷史唯物主義最基本的ABC；沒有人民的支持擁護就沒有中國共產黨的發展壯大，就沒有中國共產黨的領導執政，這是中國社會最基本的歷史邏輯與實踐邏輯。我們之所以強調不忘初心，始終為人民謀幸福，就因為中國共產黨自覺地認定自己是人民群眾在特定的歷史時期完成特定歷史任務的一種工具。如果這一工具不稱手，不能、不去為人民謀幸福，如果人民對這一工具不信任、不滿意，我們就不僅喪失了存在的必要，甚至喪失存在的可能。毛澤東同志、鄧小平同志講「自覺做人民的工具」，習近平總書記講「黨的根基在人民、黨的力量在人民」，講得就是中國共產黨的歷史自覺。

四、還說時代自覺

進入新時代，新的目標、新的征程、新的機遇迎面而來，新的變

化、新的情況、新的矛盾紛至沓來。在這一過程中因思想方法不科學而「真糊塗」淡漠初心的有之，因維護既得利益而「裝糊塗」背叛初心的亦有之。但不能因為走得時間久了、走的道路遠了就忘記為什麼出發。不忘初心，方得始終。對於「真糊塗」者要大喝一聲促其警醒，對於「裝糊塗」者則要猛擊一掌促其轉變。黨的十八大以來，以習近平同志為核心的黨中央給全黨做出了表率。不論是用「以人民為中心」這一思想統領治國理政各個方面，還是通過「全面從嚴治黨」正風肅紀、正心養性以鍛造世界上最偉大與最強大的政黨，其指向都是「為中國人民謀幸福」，是把人民對美好生活的嚮往作為奮鬥目標，是要增強人民獲得感、幸福感、安全感，進而朝著實現全體人民共同富裕不斷邁進。這是對時代呼聲的回應，也是對時代課題的作答。

　　不忘初心，是中國共產黨人覺悟的試金石。是真為人民謀幸福，還是假為人民謀幸福；是全心全意為人民謀幸福，還是半心半意為人民謀幸福；是一時為人民謀幸福，還是一輩子為人民謀幸福。每一個共產黨人都應該也都必須好好用這塊試金石試一試。

五、牢記使命看擔當

　　在中國的文字表述中，使命往往與擔當連繫在一起。這是在講一個道理，也是在說一個事實，這就是離開擔當，使命就會名存實亡，就會淪為一句空談。正所謂「有多大擔當才能幹多大事業，盡多大責任才會有多大成就」。所以，黨的十九大向全黨提出「牢記使命」這一要求的時候，其實是對中國共產黨人的擔當精神與擔當本領提出了要求。我們是否已經做好了勇於擔當的精神準備，我們是否已經具備了善於擔當的本領能力，其實是新時代提出的新考題。而要回答好這一「時代之問」，勇於擔當精神又是最關鍵的。

勇於擔當當然首先表現為不僅能主動擔起自己該擔的責任，不推諉、不躲避、不懈怠，甚至還能自我加壓，「不用揚鞭自奮蹄」。像以習近平同志為主要代表的中國共產黨人在黨的十九大上提升「第二個百年目標」的實現標準，勾勒出新「兩步走」戰略路線圖，就是勇於擔當的典範；發出「一帶一路」倡議，推進構建人類命運共同體，致力於為人類做出更大貢獻，亦是勇於擔當的樣板；宣示打鐵必須自身硬，直面問題，刮骨療毒，消除一切損害黨的先進性和純潔性的因素，清除一切侵蝕黨的健康肌體的病毒，更是勇於擔當的明證。但就實現中華民族偉大復興這一歷史使命來說，勇於擔當還有、也還應該有更為本質的體現。

　　我們注意，黨的十九大報告在闡述中國共產黨人九十多年來擔當歷史使命的實踐進程的時候，連續用了三個「革命」：通過「新民主主義革命」，實現了民族獨立、人民解放、國家統一、社會穩定；通過「社會主義革命」，為當代中國一切發展進步奠定了根本政治前提和制度基礎；通過「改革開放新的偉大革命」，開闢了中國特色社會主義道路，使中國大踏步趕上時代。應該說這三個「革命」的使用看似出乎意料，其實正在情理之中。偉大的夢想怎能沒有偉大的精神支撐，偉大的使命又何嘗能離開偉大的變革。而革命就是這樣的偉大精神，革命才會造就這樣的偉大變革。

　　習近平總書記指出：「中華民族偉大復興，絕不是輕輕鬆鬆、敲鑼打鼓就能實現的，必須準備付出更為艱巨、更為艱苦的努力。」無論是從理論邏輯、歷史邏輯還是實踐邏輯來看，這種努力之巨大、之深刻、之不易遠非輕易地順其自然、遠非機械地按部就班、遠非簡單地「跟著走」，非革命不足以成其事，非革命不足以發其新。

　　可能有的同志會問，已經走過的九十多年復興之路是革命之路，正在和走向未來的復興之路難道依然是一條革命之路？答案同樣是毫無疑

問的。刀光劍影，血與火的洗禮固然是革命，在一張白紙上畫最新最美圖畫何嘗不是革命；至於說攻克硬骨頭、跨越地雷陣、打破利益藩籬，更是要隨時準備進行許多具有新的歷史特點的偉大鬥爭，其艱難與複雜同樣不亞於以往任何一場革命。習近平總書記發出「大力弘揚將革命進行到底精神」的號召，就是在講革命尚未成功，同志仍需努力。所以，對以實現中華民族偉大復興為歷史使命的中國共產黨人來說，勇於革命，特別是勇於自我革命才是所有擔當中最大的擔當、最核心的擔當。

之所以在現實的政治生活中出現了一些忘記使命的情形，說到底就是一些昔日的同志已經不再願意與我們繼續做同志了，不再願意與我們一道繼續往前走了。不是說他們的記憶力出了問題，在生理的層面上忘記了曾經的使命，而是他們的理想信念出了問題，在價值與立場的層面上不再把這一使命當作使命了。或小富即安，固守既得，不知有漢何論魏晉；或改旗易幟，另起爐灶，走上了邪路而不再回頭。而這一切的根源正是支撐歷史使命的革命精神垮塌了、革命意志衰退了。擔當不在，使命自然南橘北枳；擔當不再，使命必然南轅北轍。

因此，使命不僅要牢牢記住，更要被切實擔當起來。革命精神正是擔當的試金石。我們每一個中國共產黨人都應該借此機會好好試一試自己是否真的敢擔當、能擔當、在擔當。

六、永遠奮鬥顯境界

做到一時奮鬥很容易，因為任何人、任何組織都知道沒有奮鬥就不會有收穫；但是要做到永遠奮鬥卻很難，而且還不容易被理解。曾經就有人問我們一個問題：你們中國共產黨已經有這麼大的成就了，為什麼還要永遠奮鬥？甚至還從哲學的角度發出質疑，奮鬥只不過是手段，永遠奮鬥只講手段不談目的，豈不怪哉？

對於這種發問，其實用不著中國共產黨人回答。早在二千五百多年前的莊子用他〈逍遙遊〉裡鵬蜩二蟲唯妙唯肖的對答就已經講得明白透徹了。「學鳩」與「斥鷃」當然可以沾沾自喜自己的生存模式，身為「鯤鵬」哪能不「絕雲氣，負青天」，「扶搖直上九萬里」。但我們還是要說這個問題提得好，好就好在讓不同的精神境界高下立現，好就好在我們可順勢講一講中國共產黨人永遠奮鬥的抱負、胸懷與境界。

中國社會用數十年走過西方社會數百年的歷程，社會革命改天換地，發展奇跡一枝獨秀，治理績效風景獨好，已經越來越走近世界舞臺中央。按常情常理，中國共產黨確實可以「鬆口氣」「歇歇腳」。但這不是中國共產黨人的思維，不是中國共產黨人的品格，不是中國共產黨人應有的精神狀態。奮鬥可分為兩種，一種是做具體項目，當然可以一把一俐落，事畢論功行賞，分享其成；另一種是幹事業，必然「革命尚未成功，同志仍須努力」，事業未竟，奮鬥不止。中國共產黨人是幹事業的，而且幹的是大事業。不論是堅持和發展中國特色社會主義，還是實現中華民族偉大復興，都是任重道遠、需要十幾代人、幾十代人乃至更長時間奮鬥的偉大事業，更不用說實現共產主義這一人類社會前所未有、更為壯麗的事業了。中國共產黨已經和現在幹出的這一切成就，當然輝煌，也足以自豪，但從偉大壯麗事業看來，這一切只不過是建設宏偉大廈的一塊塊磚瓦，是邁向新世界的一個個臺階，是瑰麗大文章中的一個個逗號。建設新世界、譜寫新篇章，唯有不斷添磚加瓦，堅毅前行，永遠奮鬥。

更何況中國共產黨人也停不下來。為中國人民謀幸福是我們矢志不忘的初心，但是踐履這一初心卻是只有進行時沒有完成時。人民群眾的幸福隨著時代的發展不斷呈現出新的需要、新的期待，我們講社會主要矛盾發生轉化講得正是這個問題。既有的需要滿足了，既有的期待實現了，新的需要、新的期待又隨之而生，而且解決起來可能還更複雜、更

棘手。滿足人民群眾對物質文化生活方面提出的要求已然不易，滿足人民群眾在民主、法治、公平、正義、安全、環境等方面的要求更需百倍的努力。習近平總書記講「時代是出卷人，我們是答卷人，人民是閱卷人。」這一論斷形象科學精闢地闡明了時代、政黨與人民的關係，也宣示了中國共產黨人的歷史自覺與政黨境界。回應時代呼聲，不能小富即安、不能因循守舊；滿足人民期待，不可大而化之、不可淺嘗輒止，中國共產黨人唯有永遠奮鬥、永不止步、永不懈怠，做歷史的堅定者、奮進者、搏擊者。通過不斷解決舊矛盾，不斷面對新矛盾，在新舊矛盾的轉換中推動歷史車輪滾滾向前，在社會發展進步的過程中進一步增強人民群眾的獲得感、幸福感、安全感。

　　所以，不是說中國共產黨人只講手段不講目的，推進偉大事業、實現偉大復興、滿足人民需要就是中國共產黨人永遠奮鬥的目的所在。但從哲學的高度看，其實更重要的、也是最顯中國共產黨人精神境界的是中國共產黨人已經把奮鬥本身作為了自己的目的。既然選擇了遠方，就只需奮起而前行。為什麼中國共產黨人能一張藍圖繪到底，能一代接著一代做，能做到習近平總書記所講的堅持和發展中國特色社會主義一以貫之，推進黨的建設新的偉大工程一以貫之，增強憂患意識、防範風險挑戰一以貫之。就是因為中國共產黨人有「功成不必在我」的意識與境界，把自己融入歷史長河中間，融入事業進程之中，貪功無我、圖名無我，擔當有我、奮鬥有我；就是因為中國共產黨人有甘做「人民群眾工具」的意識與境界，以奮鬥為樂、以進取為榮，以奉獻為歸宿。作為「工具」，還能有什麼比永遠為人民所用，永遠為人民建功立業更快樂、更幸福的事情呢。

第六章　人民立場

密切連繫群眾是中國共產黨的最大優勢，但這一優勢越來越有弱化的徵兆；脫離群眾是執政以後最大的危險，這一危險卻越來越迫在眉睫。黨中央下大決心、以大力度開展群眾路線教育實踐活動，就是要重新找回我們的最大優勢。

　　這些年來的經驗與教訓告訴我們，教育實踐活動「實」最重要，「實」也最難。要把群眾路線教育實踐活動不空、不虛、不偏地落到實處，首先要在思想上清醒、明白、不糊塗。因此，搞清楚「誰是群眾，如何連繫群眾」這一基本問題是群眾路線教育實踐活動的第一課。

第一節　誰是群眾，群眾在哪裡

誰是群眾，群眾在哪裡？猛一聽，這好像不應該成其為問題，在中國社會每一個人都會回答，不管是誰都認為自己知道。但真是這樣嗎？哲學上有句話：「熟知並未真知」。

曾有領導幹部講，「沒有群眾就沒有選票，沒有選票就沒有進步。所以我很注意連繫群眾，我對我的部下很夠意思，經常與他們一塊出國，一塊打牌，他們把小紙條都貼到了我的鼻子上還要怎樣連繫？」還有地方幹部講，「沒有老闆就沒有錢包，沒有錢什麼也幹不了。所以我經常要連繫他們，一塊喝酒一塊洗澡，都連繫到澡堂子裡面了，還能再怎麼連繫？」

這是在連繫群眾嗎？還真不能說不是；但這就叫連繫群眾嗎？好像又有些不對味。之所以會出現這種似是而非的問題，是因為連繫群眾不能想當然，真正的群眾要具備三個特點：

一、人民群眾必須是中國社會最大多數的群體

具體到黨員幹部來說，真正的群眾就是我們職責範圍所涉及的群體。在中央國家機關工作的黨員幹部，他所面對的群眾就是全國人民；在省市縣機關工作的黨員幹部面對的群眾就是當地的人民。群眾絕不能僅僅是機關大院、本單位本部門那幾十個人、幾百個人，也不能僅僅是有錢的老闆商人。

之所以一些黨員幹部容易把連繫少數人、連繫小圈子當作連繫群眾，是因為搞小圈子效果立竿見影，尤其在既有的社會運行體制下，少

數人具有行動的經濟性。打個比方，把一個億給了一個人就是億萬富翁，他當然會感恩戴德，甚至還會有「回扣」；但是分給十三億人，每人不到一毛錢，可能什麼感覺都沒有。

共產黨的幹部做事當然希望群眾說我們好，但不能就為了聽好話才去幹事。共產黨人不能是生意人，就是算帳也要從整個經濟社會發展進步的層面算大賬，而不能滿足於少數人得了便宜後廉價的甜言蜜語。

因此，群眾絕對不是小群體，群眾更不能是小圈子；搞小圈子是對群眾的最大傷害，把搞小圈子當作連繫群眾是南轅北轍。甚至有些時候在某一局部或某一區域內會出現壓倒性的多數群體，但對這樣的多數性也要做客觀分析。要警惕犯以偏概全的錯誤，一定不能把局部區域的「多數」當作真正的大多數。

二、人民群眾是共同利益的代名詞

在西方社會描繪群眾的話語往往是「烏合之眾」，「群氓之徒」，「一堆土豆」等等，最好聽的說法不過是「大眾」。講利益的時候往往是孤立個體的利益或這個階層那個群體的利益。

而「群眾」是馬克思主義政治的專用話語，是對社會階級與階層屬性的政治整合。因此，在中國社會，群眾既是社會中活生生的每一個具體的人，又是社會政治話語中表示最大共性集合體的概念。這是中國社會與西方社會一個很重大的區別。

認識不到這一點，我們的黨員幹部就會陷入今天滿足這部分群眾利益，明天滿足那部分群眾利益的行為怪圈。按下葫蘆起了瓢，顧此失彼，整天疲於奔命不僅不落好還引發更多的問題。

在群眾問題上，既要看到樹木，更要看到森林。固然不能滿足群眾具體而又有分別利益的黨員幹部是無能之輩、無用廢物，但看不到共同

利益、不能把社會群體引導凝聚到共同利益上的黨員幹部輕則搬起石頭砸自己的腳，重則是為他人作嫁衣裳進而會敗壞我們的事業。

習近平總書記曾引用唐宋八大家之一的歐陽修一句話「得其大者可以兼其小」講中國夢，這對於我們認識群眾、找到群眾同樣有很大的啟示意義。在利益分化的轉型社會找出共同利益、維護共同利益確實很難，但更珍貴，也更緊迫。沒有共同利益就不會有共同的事業，就不可能有共同的夢想，也不會有能凝聚起來的群眾。而當共同利益實現的時候，各自有差別的利益也就順理成章了。所以，習近平總書記講「國家好、民族好、大家才好」，「大家」這個詞意味深長。「大家」就是我們的群眾，群眾就是整合了階級與階層的「大家」。

三、人民群眾是代表社會發展進步方向的歷史主體

我們現在一些黨員幹部熱衷於連繫有錢人，連繫老闆，這不能說就是錯。在社會主義初級階段，有錢人、老闆把他們的錢拿出來推動經濟發展也是一件好事，他們本身也是我們所講的「群眾」中很重要的組成部分。

但是，人是生產力，科學技術是生產力，資本不能也不可能是生產力。因此，在社會主義社會，人民群眾的主體究其根本必須是社會主義勞動者。社會主義初級階段不排斥資本的積極作用，社會主義初級階段客觀存在社會主義建設者，但社會主義建設者遲早也要和也會主動走向並成為社會主義勞動者。在正確處理勞動與資本、勞動者與建設者的關係方面，共產黨人沒有必要遮遮掩掩，更不能本末倒置。

把這三個特點綜合起來概而言之，群眾就是代表進步方向的有共同利益的最大多數。連繫群眾不能以偏概全，不能只見樹木不見森林，更

不能本末倒置。每當我們連繫群眾的時候，不妨拿這個標準測一測，看看是不是連繫了真群眾。想當然去代表群眾、想當然認為代表了群眾是要出大問題的，但這正是我們一些黨員幹部目前最大的問題。

可能有的人會說，你這種做法是不是把黨員幹部劃到了群眾外面去了，難道黨員幹部就不是群眾嗎？這個問題問得好。黨員幹部與群眾是一種辯證的關係。究本質，黨員幹部是群眾，我們本來就是來自群眾；但是看黨性，黨員幹部又不是群眾，而是有信仰的先進分子。論權利，黨員幹部是群眾，我們與群眾擁有同樣的政治經濟文化權利，我們除了為人民服務的權力外，沒有任何特殊的權利與權力；但是講責任，黨員幹部又不是群眾，我們要勇於擔當，率先奉獻。不丟群眾立場不逃避先進義務，黨員幹部這種既是群眾又不是群眾的定位，「魚水關係」而不是「油水關係」也客觀上決定了黨員幹部既有連繫群眾的必要，又有連繫群眾的可能。

第二節　根本是要把人民群眾放在心中最高位置

　　連繫群眾，說一千道一萬，把人民群眾放在心中最高位置是最根本的。人民群眾最淳樸、最善良、最有感情，但同時人民群眾也最有一說一、最敏感如斯、最眼睛裡揉不得沙子，我們對群眾是真心實意還是虛情假意，群眾心如明鏡。做到這一點，就能做到「三真」；做到「三真」，就能贏得人民群眾的認同、支持與感情。

　　——真心去連繫群眾。人民群眾是歷史的創造者，離開了人民群眾就沒有歷史的進步；人民群眾是社會物質和精神財富的創造者，社會變革的決定力量。這既是馬克思主義的基本道理也是中國共產黨的歷史經驗總結。現在大家常說當年淮海戰役中國共產黨用六十萬軍隊打垮了國民黨八十萬軍隊，這是戰爭史上的奇跡。奇跡不假，但我們別忘了這奇跡背後還有五四三萬支前群眾沒有統計進去。這五四三萬的群眾站在哪一邊，那一邊就能贏得勝利。當年他們站在了中國共產黨的一邊。

　　所以，我們要從內心深處真正認識到連繫群眾是做好一切工作的法寶，認識到保持與群眾的血肉連繫是我們的力量之源。以心交心，自會心心相印；我們心中裝著群眾，群眾也會在心裡裝著我們；我們把群眾當親人，群眾就會把我們當親人。只要我們真正走向群眾，就會深深感受到人民群眾的力量，感受到人民群眾的偉大。有人民群眾做後盾，不管多麼大的困難都算不了什麼、都可以克服。我們一定要牢記，真正讓我們強大的是人民群眾的力量，而不是我們手中的權力。

　　——真情與群眾交流。群眾並不會在意我們深入基層給他們種了多少地，而是在意這種行為背後是真情實意還是虛情假意。不做走馬觀花

的過客，不做嘰哩呱啦的「欽差大臣」，更不做采風獵奇的觀光者，以群眾自家人的身分，與群眾端同樣的碗，與群眾睡同樣的床，與群眾幹同樣的活。日久了自然會生情，患難過當然有真情。

我們千萬不要在群眾面前談什麼「專業分工」，黨員幹部最本職的工作就是連繫群眾，走向群眾。傾聽群眾的呼聲，瞭解群眾的訴求，僅靠坐在辦公室裡是不可能獲得的。所以，深入基層、走向群眾，在與群眾同吃同住同勞動過程中瞭解群眾的訴求同樣是、甚至是更重要的本職工作。黨員幹部走出辦公室會議室，減少一些文山會海，走到田間地頭工地廠礦，多一些現場鄉土感受，會對群眾的服務更好、更到位。而且把基層一線作為培養鍛鍊幹部的基礎陣地，還能引導幹部在同群眾朝夕相處中增進對群眾的思想感情、增強服務群眾本領。

——真正為群眾服務。毛澤東同志在黨的七大上講：「群眾是從實踐中來選擇他們的領導工具、他們的領導者。被選的人，如果自以為了不得，不是自覺地作工具，而以為『我是何等人物』！那就錯了。我們黨要使人民勝利，就要當工具，自覺地當工具。……這是唯物主義的歷史觀」。[1]鄧小平同志在黨的八大上更加明確地說：「工人階級的政黨不是把人民群眾當作自己的工具，而是自覺地認定自己是人民群眾在特定的歷史時期完成特定的歷史任務的一種工具。」[2]中國共產黨作為人民群眾實現他們利益、完成他們事業的工具，不僅不丟臉，反正是我們的驕傲、體現著我們的偉大。正因為是工具，離開了使用者，工具就發揮不了作用；沒有了服務對象，工具也就沒有用。中國共產黨存在的意義就是全心全意為人民服務，不為了人民群眾也沒有必要要共產黨。現在有些人把「領導核心」與「工具」對立起來片面理解，既然黨是領導核

1　毛澤東：《毛澤東文集》卷3（北京市：人民出版社，1996），頁373-374。
2　鄧小平：《鄧小平文選》卷1（北京市：人民出版社，1994），頁218。

心又怎麼能是工具呢？所以「領導」講得多，「服務」講得少。這種想法是大錯特錯的。

當然，為群眾服務不是一句空話，為群眾服務也不能成為一句空話。為群眾服務首先要滿足群眾對利益的訴求。群眾的生產生活、脫貧致富，他們的權益、困難、疾苦、憂愁等等，都是群眾利益，這些事情看似都是一些很小的小事，但是這些小事關聯著群眾的切身利益，如不及時解決，也會影響大事，甚至會釀成大事。只要黨員幹部真去給群眾辦事還是可以給群眾辦不少事的，群眾也確實需要我們的服務。通過發揮黨員幹部的主觀能動性為群眾解決一些眼前的、可以馬上解決的事情，通過改進政策、創新制度、完善體制、優化機制為從根本上解決群眾的問題創造條件。當我們做到這一切，群眾怎麼會不支持我們的工作。

——在服務群眾的實踐中轉變作風。幹部與群眾是一對矛盾的兩個方面，連繫群眾就要正確處理好他們之間的關係。就連繫群眾的目的來說，群眾是矛盾的主要方面，群眾滿意了、群眾理解了，我們工作的目的也就達到了；但就連繫群眾的過程來說，幹部是矛盾的主要方面，幹部沒有真正轉變作風，連繫群眾的行為也不可能真正落實。

固然相對中國共產黨的先進性與純潔性來說，這充其量也就是寶珠蒙塵，太陽的黑子，但是對於這諸種不良作風，群眾是看在眼裡恨在心中，如果不對這些作風之弊、行為之垢來一次大排查、大檢修、大掃除，遲早會養癰遺患，招致滅頂之災。

面對這些問題怎麼辦？傷其十指不若斷其一指。集中力量，任務明確，在作風建設上打一個殲滅戰，不僅可以有效遏制不良作風的蔓延，還可以為黨內其他一些問題的解決創造有利條件。

第三節　把人民至上作為治國理政的核心要義

　　治國理政需要專業化的管理與運行，但這不是治國理政的全部，甚至不是治國理政的主要矛盾和矛盾的主要方面。治國理政最根本的問題是「依靠誰，為了誰」，這是治國理政首先要面對並且貫穿始終的大問題。只不過在不同的社會中對這一問題的回答及回答方式是很不相同的。或「明修棧道、暗度陳倉」，或「顧左右而言他」，或根本不討論這一問題（其實回避回答本身也已經是一種回答了）。中國共產黨對這一問題的回答歷來旗幟鮮明並且一以貫之，這就是「人民至上」。

　　人民群眾不僅是物質財富的創造者，也是精神財富的創造者，更是社會變革的決定性力量。這是歷史唯物主義最基本的觀點。馬克思、恩格斯在《神聖家族》中明確提出，「歷史活動是群眾的事業」，決定歷史發展的是「行動著的群眾」。[3] 始終站在人民大眾立場上，一切為了人民、一切相信人民、一切依靠人民，誠心誠意為人民謀利益，這是中國共產黨堅持馬克思主義立場的根本要求。從毛澤東同志「人民，只有人民，才是創造世界歷史的動力」[4] 到習近平總書記「人民立場是馬克思主義政黨的根本政治立場，人民是歷史進步的真正動力，群眾是真正的英雄，人民利益是我們黨一切工作的根本出發點和落腳點。中南海要始終直通人民群眾，我們要始終把人民群眾放在心中腦中。」[5] 中國共產

3　《馬克思恩格斯全集》卷2（北京市：人民出版社，第1版），頁104。

4　毛澤東：《毛澤東文集》（北京市：人民出版社，頁1031）。

5　2016年12月26日至27日習近平總書記在中共中央政治局民主生活會上的講話。

黨是這樣認識的，也是這樣實踐的。

　　當然，「人民至上」這一治國理政的核心要義在不同的歷史時期和不同的社會發展階段，會有不同的表述方式和實現形式。黨的十八大以來，中國共產黨將其凝練為「以人民為中心」，並以此統領治國理政各個方面。習近平總書記提出，經濟社會發展要「著力踐行以人民為中心的發展思想。」[6]黨的文藝工作、新聞輿論工作要「堅持以人民為中心的工作導向」[7]「網信事業要發展，必須貫徹以人民為中心的發展思想。」[8]「中國哲學社會科學要有所作為，就必須堅持以人民為中心的研究導向。」[9]，等等。在中國社會，「以人民為中心」不是抽象的、玄奧的概念，不是純粹的思想實驗，而是經濟社會發展、政治文化建設乃至外交國防各個環節的基本遵循與現實形態。

一、在回應人民的期待，不斷增強人民群眾獲得感方面體現以人民為中心

　　「人民對美好生活的嚮往，就是我們的奮鬥目標」。中國共產黨治國理政從改善人民生活、增進人民福祉切入，要讓人民群眾有「有更好的教育、更穩定的工作、更滿意的收入、更可靠的社會保障、更高水準的醫療衛生服務、更舒適的居住條件、更優美的環境」。在「7・26」講話中，習近平總書記又加上了一個「更」：「更豐富的精神文化生

6　2016年1月18日習近平總書記在省部級主要領導幹部學習貫徹黨的十八屆五中全會精神專題研討班上的講話。

7　2014年10月15日習近平總書記在文藝工作座談會上的講話，2016年2月19日在黨的新聞輿論工作座談會上的講話。

8　2016年4月19日習近平總書記在網路安全和資訊化工作座談會上的講話。

9　2016年5月17日習近平總書記在哲學社會科學工作座談會上的講話。

活」。所有這些給予人民群眾的都是實實在在的獲得感，但是這些還遠遠不夠。對中國共產黨來說，治國理政不僅要增加人民群眾的絕對獲得感，更要增加人民群眾的相對獲得感；不僅要有物質層面的獲得感，更要有精神層面的獲得感。

馬克思在《雇傭勞動與資本》中講：「一座房子不管怎樣小，在周圍的房屋都是這樣小的時候，它是能滿足社會對住房的一切要求的。但是，一旦在這座小房子近旁聳立起一座宮殿，這座小房子縮成茅舍模樣了。這時，狹小的房子證明它的居住者不能講究或者只能有很低的要求；並且，不管小房子的規模怎樣隨著文明的進步而擴大起來，只要近旁的宮殿以同樣的或更大的程度擴大起來，那座較小房子的居住者就會在那四壁之內越發覺得不舒適，越發不滿意，越發感到受壓抑。」[10]並且指出產生這種心理感覺的原因是：「我們的需要和享受是由社會產生的；因此，我們在衡量需要和享受時是以社會為尺度，而不是以滿足它們的物品為尺度的。因為我們的需要和享受具有社會性質，所以它們是相對的。」[11]對於政治上是國家主人的中國社會廣大人民群眾來說，如果他們的「小房子」與一些社會群體的「宮殿」相比差距太大，這樣的獲得感就很難讓人滿意，這樣的治國理政就很難說是「以人民為中心」。

所以，中國共產黨把全面消除貧困作為實現第一個百年奮鬥目標的前置性要求，守住底線，補上短板，「全面小康，一個都不能少」；把「共享發展」作為新發展理念最重要的內容，使發展成果更多更公平惠及全體人民，力爭讓共同富裕這一本質要求更加充分地體現在現實生活中。解決好人民群眾最關心最直接最現實的利益問題，不斷讓人民得到

10 《馬克思恩格斯選集》卷1（北京市：人民出版社），頁349。
11 《馬克思恩格斯選集》卷1（北京市：人民出版社），頁350。

實實在在的利益，人民群眾的積極性、主動性、創造性就會被很好地調動起來。

二、以人民為中心的「人民至上」，不僅是為人民治國理政，更要能讓人民治國理政

　　人民「共享」歸根結底來自人民「共建」。通過一系列制度安排與政策設計，讓人民群眾當家做主的權利得到更充分的保障是中國共產黨治國理政的頭等大事。黨的十八大以來，在堅持和完善人民代表大會制度的基礎上，積極有效地推進社會主義協商民主就是其中最具有代表性的一項制度創新。

　　一個國家人民的民主權利，不僅表現在選舉時有投票的權利，更體現在日常政治生活中有持續參與的權利，有民主決策、民主管理、民主監督的權利。協商民主填補了選舉民主之外的權利空白，有效解決了現代民主制度中的「權利跛腳」現象。協商民主不否定選舉民主的根本性意義，而是直面選舉民主的實踐悖論。近現代政治學研究表明，不僅投票中的策略運用會改變民主的本意，民主投票本身就有自相矛盾的規則困境（關於這一點，可參見18世紀孔多塞的「投票悖論」與20世紀的「阿羅不可能定理」，兩者都有嚴格而清晰的數學證明）。在這樣的背景下僅僅依靠選舉票數很難贏得社會群體真正的認同與接受。這種政治現象在現代西方社會已然出現。民主未必僅僅體現在「一人一票」的直選上，在選舉民主的同時，輔之以協商民主，通過集思廣益、民主決策，讓選舉民主建立在找到全社會意願和要求的最大公約數的基礎上，民主的結果就會更有民意，更得民心。中國共產黨這一治國理政的實踐表明，選舉民主誠然是民主的重要形式，卻不是唯一形式，通過選舉以外的制度和方式讓人民參與國家生活和社會生活的管理也是十分重要的。

真正的民主不僅需要完整的制度程式，而且需要完整的參與實踐。社會主義協商民主制度讓「人民當家做主」可以通過實實在在的行為體現在國家政治生活和社會生活的全過程。

三、通過全面從嚴治黨，把中國共產黨打造成人民群眾改造歷史的銳利武器

　　黨的十八大以來，中國共產黨治國方略中最亮麗的莫過於全面從嚴治黨。可能有人認為這是中國共產黨自身建設的事情，與以人民為中心沒有關係或至少關係不大，其實不然。全面從嚴治黨直接的結果當然是為了讓中國共產黨更先進、更優秀、更強大，但是建設一個世界上最強大的政黨，歸根結底是為了讓人民群眾有更管用、更好用的工具來創造歷史，來改變世界。人民群眾通過中國共產黨讓自己真實擁有了創造歷史的現實力量。毛澤東同志在中國共產黨七大上提出：「群眾是從實踐中來選擇他們的領導工具、他們的領導者。被選的人，如果自以為了不得，不是自覺地作工具，而以為『我是何等人物』！那就錯了。我們黨要使人民勝利，就要當工具，自覺地當工具。……這是唯物主義的歷史觀」[12]。

　　因此，中國共產黨不是把人民群眾當作自己的工具，而是自覺地認定自己是人民群眾在特定的歷史時期完成特定的歷史任務的一種工具。中國共產黨把自己定位為「先鋒隊」的本身就是一種對工具身分的自覺擔當。正因為是工具，「黨除了工人階級和最廣大人民群眾的利益，沒有自己特殊的利益。」「隨時準備為黨和人民犧牲一切」（《中國共產黨

---

12 毛澤東：《毛澤東文集》（北京市：人民出版社，1996），頁373-374。

章程》）。有了這樣一個名副其實的政黨，有了這樣一個黨領導下的國家和政府，人民群眾就更有力量、有途徑、有手段在與市場、資本等外在力量的博弈中佔據主動地位，按自己的意志塑造市場、駕馭資本，讓市場與資本「為我所用」，而不是「反客為主」。

第七章　民族情懷

黨的十八大以來，習近平總書記談論中華文化的頻率很高，講價值觀的時候要求傳承和昇華中華優秀傳統文化，講國家治理的時候要求實現中華傳統文化的創造性轉化、創新性發展，講黨的建設時也提醒要從中華文化中汲取豐富營養，在對外訪問中更是把中華文明作為第一名片不失時機地向國際社會展示中華文化的獨特魅力。我們為什麼要對中華文化如此推崇，我們又為什麼可以對中華文化如此高度自信？這一切的背後是當代中國社會對保持精神獨立性的深刻感悟和高度自覺。

第一節　精神獨立是一個社會政治經濟獨立的前提

　　毛澤東同志曾經講過一句話，「人是要有一點精神的」，順著這句話講下來，一個國家、一個社會同樣是要有精神的。這既是對中國革命勝利經驗的透徹總結，又是對中國進行社會主義建設的寶貴提醒。當然，這裡講的精神並不是一般意義上泛泛而談的精神，而是指真正屬於自己的、從自己的文化中生長出來、並且作用於自己的社會實踐、與現實世界各種各樣的精神相互激蕩中能保有「獨立性」的精神。

　　那麼何謂「精神獨立性」呢？概而言之就是一個社會從精神層面上對如何認識問題、分析問題、評價問題、解決問題有自己獨立的不受他者主宰與左右的思維、價值與方法。當一個社會在如何認識世界上有自己獨特的思維方式，在如何評價世界上有自己獨特的價值立場，在如何應對世界上有自己獨特的方法路徑，我們就可以講這個社會保有了它的「精神獨立性」。

　　對於一個社會來講，精神獨立奠定了經濟政治社會獨立的前提，精神獨立也保證了經濟政治社會在真正意義上的獨立。如果一個社會在精神層面上人云亦云、亦步亦趨、唯他人馬首是瞻，不能在精神層面上想清楚、講清楚什麼是好、什麼是應該、什麼是有意義，怎麼可能走出一條前無古人的新路，怎麼可能確立起優越於他者的全新制度，又怎麼可能把自己選定的道路信心百倍、義無反顧、堅定不移地走了下去。

　　應該說中國社會精神獨立性的問題本來不成其為問題，中華文明五千年的綿綿不絕，中國社會百餘年來不屈不撓的奮鬥與抗爭，乃至中國特色社會主義道路的開闢、探索與實踐，中華民族偉大復興中國夢的提

出等等，都是中國社會精神獨立的最好證明。沒有高度自覺且充滿自信的精神獨立，這一切都是難以想像乃至不可能的。

但是這一不成問題的問題在今日中國社會真還成為一個不容忽視的問題或者說至少是一個需要未雨綢繆的問題。這與現代國際社會的格局有關，也與中國社會的發展方位有關。

現在的國際社會格局是在西方發達國家的發展方式和社會價值觀主導下形成的。儘管所有國家、所有群體都是在這一格局中生產產品、積累財富、分享紅利，但這一格局與狀態主要是有利於發達國家利益的。西方發達國家為了他們的既有利益，當然會想方設法維持這一格局，並強化支撐這一格局的發展方式與價值觀，甚至把它提升到「普世」和「永恆」的高度。在既定格局的影響和強勢意識形態的滲透下，中國社會的一些人就不知不覺從思想上交了槍：在全世界都適用的東西我們中國怎能例外？人類社會到資本主義都已經到頭了我們還折騰什麼？

更重要的是伴隨著全球經濟政治文化交往的更加緊密和中國面向世界的更加開放，中國社會需要也正在從西方社會「拿來」很多東西，從技術到管理再到制度。小到高速公路的標誌牌、大型超市的促銷商標籤，大到配置資源的市場經濟體制、企業運行的混合所有制產權模式、按要素分配的收入分配體制，等等。而且這種「拿來」很多時候還必須「全面」拿來，一星半點的拿來、斷章取義的拿來不僅不會有正效益，還會產生連西方社會都不會有的苦果與弊端。於是中國社會的一些人就認為：既然都要「全面」了，還要什麼自己的精神獨立性，把人家的精神也拿來不是更加的「全面」？

中國社會的精神獨立性就在這樣的情境中一點一點被削弱、被淡化了，相應中國自己的經濟政治社會發展實踐也就面臨著越來越大的壓力與挑戰。因此，在今天的中國社會提出「精神獨立性」問題，已經不是杞人憂天，而需要亡羊補牢了。

第二節　中華文化是中國社會精神獨立的不竭源泉

　　意識到精神獨立性固然重要，呵護涵養精神獨立性更加重要。精神獨立性不是想當然憑空產生的，也不是僅靠豪言壯語就能喊出來的。中國社會的精神獨立性要有滋養它的土壤，孕育它的源泉，這就是中華文化。習近平總書記講，中華文化積澱著中華民族最深沉的精神追求，包含著中華民族最根本的精神基因，代表著中華民族獨特的精神標識，指的就是中華文化對中國社會精神獨立性方面的貢獻。我們僅從中選擇三個方面略做闡述：

　　——中華文化孕育了中國社會獨特的思維方式：天人合一的整體性思維。

　　思維是精神獨立性中最深層次的屬性，不同的思維方式會形成不同的世界觀。與西方文化中不斷剝離、不斷區別、不斷分割的那種原子式的注重分析的思維不同，中華文化的思維方式更突出的是一種不斷整合、不斷擴散、不斷融合的整體性思維，從整體上來觀察世界、理解世界。比如，在人與世界的關係上，受中華文化滋養的中國人不像西方文化那樣把自然界與人對立起來，人對自然界只是單向度的無限掠奪，而是把自然界與人看作是一個整體，人與自然界是相互感應、相互依存的，既通過自然資源來供養人，又時時刻刻不忘對自然的涵養與反哺，這就是習近平總書記最近強調的、已經為現代社會所熟知的天人合一宇宙觀。又比如，在對待自我與他者的關係上，不是非我族類其心必異，而是一種如習近平總書記所講的協和萬邦的國際觀、天下觀，我的存在是因為有你的存在，你、我、他共生共處才成為「天下」，是「各美其

美，美人之美，美美與共，天下大同」。

——中華文化塑造了中國社會根本的價值追求：和而不同的和諧價值觀。

價值是精神獨立性中最根本的屬性，價值不同所形成的行為、所構建的世界也會有不同。無論是在本體論上把世界本原歸於獨一無二的「一」，還是在宗教觀上確立一個至高無上的「上帝」，西方文化價值觀中「唯一性」的情結始終揮之不去。但是在中華文化中，即使作為最高的「道」，也不是某種確定的東西，而是一種狀態，一種陰陽諧和的狀態，正所謂「一陰一陽之謂道」。以音樂為例，宮商角徵羽五音皆備，一曲美妙的「韶樂」繞梁三日；如果只要一個音調，那聽到的就是啄木鳥啄樹了。具體到大千世界來說，不是說把萬事萬物都變成一個樣子、一種性質，而是讓萬事萬物都按自己的樣子、自己的本性自由生長、平等發展，在這一過程中形成和諧狀態，並會產生新的東西。這就是中華文化中一句很經典的話「和實生物，同則不濟」所講的意思，這句話也講出了中華文化所倡導的價值的最高境界：「和而不同」。

——中國文化積澱出中國社會基本的發展方法：生生不息的日新方法論。

一個社會認識世界改造世界所採取的基本方法是精神獨立性走向實踐時最直觀的體現。在中華文化中，沒有什麼永恆、到頭的社會狀態，「日新之為盛德」，「苟日新，日日新，又日新」，新的社會狀態就在我們的不斷努力中逐步展現；世界的變化也不是單線式的發展，而是「反者道之動」，要善於從歷史中汲取自強不息的動力與智慧，不能在追求目標的時候異化了自己，不能走得遠了就忘了為什麼要出發；解決問題的方式方法不是非此即彼、你死我活走極端，而是「從容中道」，「允執厥中」，在協調平衡中堅毅前行。

中華文化中的這些思維、價值與方法塑造了中國社會的精神獨立

性，也給予了中國社會以高度的自信。當今天的世界面對越來越嚴峻的環境問題時，「天人合一」為人類修復自己的家園送上一劑良藥；當今天的世界因為各種各樣的利益糾紛與衝突而可能擦槍走火的時候，「和而不同」恐怕是實現各得其所的唯一選擇；當人類社會越來越沉湎於社會發展方式「唯一解」的時候，讓「生生不息」告訴我們還有別樣的可能性、別樣的精彩是很有意義的。這也就是為什麼習近平總書記要求「講清楚中華文化的獨特創造、價值理念、鮮明特色」的深意所在。

第三節　中國特色社會主義根植於中華文化沃土

當一個社會在精神上保有獨立性的時候，在社會發展方面的獨立性就是水到渠成、瓜熟蒂落的事情了。遠而言之，不會屈服於他者的壓迫奴役，一定要爭獨立求解放，這就是一百七十年來中華民族的奮鬥抗爭；近而言之，不會甘於照抄照搬他人的做法，一定要走自己的路，這就是六十餘年來中國社會對社會主義道路的探索實踐；放眼展望，還要堅持把理論自信、制度自信、道路自信與理論創新、制度創新、道路創新有機結合，在中華民族偉大復興的歷史征程中讓中國特色社會主義道路越走越寬廣。

關於中國社會為什麼要走自己的路，發展中國特色社會主義，我們現在講得比較多的是國情和歷史使然，這誠然是事實也很重要但不夠，真正要講全面還要講「獨特的文化傳統」。

百餘年來世界上爭取獨立解放的民族國家並不少，但選擇了馬克思主義，選擇了社會主義並堅持下來的並不多，中國可謂個中翹楚。能做到這一點，與中華文化精神對社會主義的契合乃至與馬克思主義的良性融匯是分不開的。

在中華文化的思維中，從修身到齊家再到治國平天下，像同心圓一圈圈向外擴展，「身修而後家齊，家齊而後國治，國治而後天下平」，個體不是在與國家社會的張力中凸現自我，而是在融入家國天下中找到存在的意義，這樣的文化精神就很自然地成為價值觀上的集體主義，所有制層面上的公有制，分配方式上的共同富裕等等社會主義屬性所親和適宜的文化土壤。這一點我們可以從近百年來中國社會接受社會主義的

歷史路徑中看得很清楚：當不患寡而患不均的文化心理被經濟政治生活中的剝削事實所放大之後，自然會對私有制有天然的不感冒，而對公有制產生些許希冀，對共同富裕更有種本能的親近感。再比如，中國社會對中國共產黨作為領導核心這一模式的認可同樣有著一種文化心理的延續。既然我們相信「滿街都是聖人」，相信聖人與君子可以做到「為天地立心、為生民立命，為往聖繼絕學，為萬世開太平」，為什麼不可以對堅持先進信仰集聚優秀成員的中國共產黨以相應的期待？更進一步看，為什麼中國特色社會主義道路是一條和平發展之路，「中國威脅論」是無稽之談，習近平總書記最近的一次講話講到了根底上：「中華民族的血液中沒有侵略他人、稱霸世界的基因」。所以，從一個側面來說，不是馬克思主義和社會主義選擇了中國社會，而是中華文化選擇了馬克思主義與社會主義。

西方社會的一些人老跟我們矯情，說什麼你中國總說不走西方的道路，不照搬西方的觀念，其實你們的指導思想馬克思主義和你們的發展道路社會主義不都是從西方拿來的嘛。這種說法看似很有事實依據不好反駁，其實不然。我們的中國特色社會主義並不僅僅是名稱上在社會主義前加了「中國特色」四個字，也不僅僅是實踐層面把「中國特色」與「社會主義」簡單焊接在一塊的「拉郎配」；同樣馬克思主義中國化也不僅僅是把馬克思主義經典著作翻譯成「中國話」然後照本宣科，不僅僅是鄭人買履式的拿馬克思主義本本來套中國的問題，而是根植於中華文化沃土的、在中華文化滲潤滋養中「化」出來的全新理論與全新實踐。

當然，我們做這樣的分析並不是說中國傳統文化中本來就有馬克思主義，就有社會主義，而是說當通過政治革命把馬克思主義的種子，把社會主義的種子播種下去之後，中華文化的沃土可以、也確實讓它們苗壯成長了，並且成長為站在巨人肩上的全新創造，成為中華文化中的新

內容。這也就是為什麼儘管世界社會主義只有五百年的歷史，但習近平總書記卻講「中國道路是在對中華民族五千多年悠久文明的傳承中走出來的」深意所在。能把中國特色社會主義道路上溯五千年，讓它不僅成為一條政治發展道路，還是一條文明發展道路，實賴於中華文化的「化育」之功。

第四節　在創新性發展中實現中華文化的「現在進行時」

當下中國有兩個概念同時在使用，一個是中國傳統文化，一個是中華文化。很多人在使用這兩個概念的時候往往不做區分，其實它們是有區別的。中國傳統文化是過去完成時，儘管我們可以不斷對之做出新的理解與闡釋，但其內涵畢竟是既定的；而中華文化則是涵蓋過去現在未來的一個動態概念，不僅包括過去五千年文化的燦爛，也意指今日中國文化的繁榮，更要求未來中國文化的輝煌與復興。

沒有中華文化的隨時維新，老祖宗的精神獨立性挽救不了不肖子孫的坐吃山空。就算把老祖宗的好東西原原本本不打折扣地全部接受下來，昨日的舊船票也登不上今日的客船，畢竟中華民族的偉大復興不應該也不可能是復古。所以對於今日中國社會固然要講把中國傳統文化中的精華內容傳承下來，更要大講特講中華文化的「現在進行時」，讓中華文化作為一個整體趕上時代，引領未來，因為「中華民族偉大復興需要以中華文化發展繁榮為條件」。

實現中華文化的「現在進行時」，不要停留於對中國傳統文化中具體文化內容的簡單重複，而要重視文化精神的闡幽發微。具體的文化內容再「抽象繼承」也會留有過去時代和原來社會形態的印記，過分解讀容易有牽強附會之感，對現實社會作用有限。應該回望甲骨文但是不能鑽進故紙堆。這些年來中國社會各種各樣的「國學熱」不斷但難成大氣候、難有大作為，原因也在於此。而文化精神則以其超越性讓時代包容適應性倍增了好幾個數量級，更易於與新的時代、新的使命無障礙對接。這也就是為什麼中華傳統美德已經是我們突出的優勢，最深厚的文

化軟實力，我們還要創造性轉化、創新性發展地培育社會主義核心價值觀的道理所在。也正因為如此，習近平總書記講中華文化時代化時特別強調：「使中華民族最基本的文化基因與當代文化相適應、與現代社會相協調，……把跨越時空、超越國度、富有永恆魅力、具有當代價值的文化精神弘揚起來。」

實現中華文化的「現在進行時」，還要善於把人類文明的一切成果，包括現代西方的文明成果坦坦蕩蕩、大大方方地「拿來」。「問渠那得清如許，為有源頭活水來」。精神獨立性不是故步自封，不是閉門造車，而是在廣泛的文化交流中，不斷學習他人的好東西，把他人的好東西變成我們的養料，把他人的好東西化成我們自己的東西，形成我們的民族特色，讓我們更獨立、更強壯。在中華文化的滋養下，我們把印度文明中的佛教「化」為中國佛教，我們把西方文明中的馬克思主義、社會主義「化」為中國化的馬克思主義、中國特色社會主義。有了這種「兼容並蓄、海納百川」的品格，還有什麼樣的文明成果不能在中華文化中創造性轉化、創新性發展呢？歇斯底里地拒斥外來文明成果本身就是精神獨立性缺失，虛弱不自信的表現。

當然，這個「化」是有講究的。守不住主心骨，沒有好辦法，很有可能在「化人」的過程中被「人化」。比如，這些年來我們開始重視中華文化的「走出去」。怎麼樣走出去？用我們自己的話語體系怕人家聽不明白也不感興趣，於是便想用人家的話語、人家的概念來講中國故事。聽起來似乎是很聰明的辦法，其實隱患很大。別人的話語、概念背後是別人的文化思維方式。就好比之前的一部電影《功夫熊貓》，「功夫」是中國的，「熊貓」也是中國的，甚至電影裡的所有文化元素都是中國的，可「功夫熊貓」卻不是中國的，反映出來的文化精神與價值觀是地地道道好萊塢的。我們不是說一定要固守中國傳統的話語體系，只是提醒從事外宣的同志們，尋找一種既能反映中華文化真精神又能為西

方世界所明白的話語方式並不是一件想當然的事情。

　　那麼，如何做到「化人為我」而不是「我為人化」，一位老歷史學家曾經打了個很形象的比方：人是要吃豬肉的，但是通過把豬肉消化為人的肌肉來強身健體，而不是讓人變成豬。這既是實現中華文化「現在進行時」的底線思維，又是實現中華文化「現在進行時」的至高境界。

政黨品格篇

第八章　世界眼光

第一節　告訴世界「理論中的中國」

伴隨著當代中國產品走出去、企業走出去、投資走出去，中國理論也開始走了出去，並且還走得風生水起。較其他走出去而言，理論走出去是更高層面、更高形態的走出去，對於進一步深化、優化中國與世界的關係，增進理解、推動合作、贏得認同具有積極而深遠的意義。

一、增進世界對中國的理解

現代以來，中國社會走的是一條與西方社會不同的發展道路，選擇的是不同的社會制度。對於把西方發展道路、西方社會制度視為天經地義、甚至還抱有高度「自信」的西方社會及其民眾來說，中國社會的做法實在有些匪夷所思。隨著時代的發展，冷戰時期那種把中國視為洪水猛獸公開敵對的行為與言語不再明目張膽、大張旗鼓了，但攻擊中國、遏制中國的冷戰思維及其動作依然不斷。

當然，對於大多數的西方學者和社會民眾來說，倒不是說對中國有多大的惡意，但不看好中國確實已成為他們「虔誠」的信仰。比如，西方有學者數十年來一直執著地唱衰著中國。在二十世紀五〇年代的時候說朝鮮半島將把中國拖入深淵，九〇年代的時候說中國將看不到新世紀的曙光，進入二十一世紀又說中國必將在頭十年崩潰。

可是中國這些年來不僅迎頭趕上，甚至還頗有「風景這邊獨好」的氣象。經濟總量全球第二，外貿進出口世界第一，外匯儲備世界第一，經濟增長速度近年雖然有所回落但依然是全球最快的國家之一。在全球

性金融危機的時候，中國不僅一枝獨秀還大大地拉了世界一把；在西方社會內部政治紛爭不斷的時候，中國社會不僅保持了高度的穩定還開始了政治新生態的建構。

既然唱衰不管用，那就妖魔化中國吧，於是「中國威脅論」又開始甚囂塵上。平心而論，不論是希望中國崩潰還是渲染中國「威脅」，西方社會矛盾而複雜的心態背後有一個客觀的事實，那就是對中國不理解。瞭解不等於理解。透過現象、通過產品是可以瞭解中國的，但如果不能從邏輯上、從理性上理解中國，偏見的誤區就永遠不可能消除。

在相當長一段時間以來，中國社會有一個樸實的想法，埋起頭來幹，不爭論不辯論，事實勝於雄辯。但事實固然可以說明很多，僅靠事實還是不夠的，至少是不全面的。言之不預，言之不明，別人難免找藉口。習近平總書記曾經講過，中國社會「挨打」「挨餓」的問題基本得到解決，但「挨罵」問題還沒有得到根本解決。如何不被「挨罵」，讓中國理論走向世界，通過運用和掌握國際話語權，把中國的道理，中國的邏輯，中國的立場，中國的必然、必須與可能，中國的願望、意志與決心等向世界講清楚、說明白，增進世界對中國的理解。這是中國理論走向世界的第一步。

二、推動中國與世界的合作

世界因為有不同而需要合作，世界因為有共識才可能合作。當今時代世界需要與中國合作，中國同樣需要與世界合作。但如果中國與世界互視為異端、勢如水火、動如參商，何來合作。中國的道路與制度從內容到形式當然是與西方社會不同的，但其背後立足本國實際、發揮比較優勢、追求美好生活的願望考量與西方社會、與世界是共同的。中國理論走向世界更需要做的就是把這些不同中的共同講出來、傳播出去、讓

世界知曉，通過存異求同、通過匯聚共識、通過尋找共同興奮點、通過擴大共同利益匯合點來加固合作的基礎。

著眼於國家富強、民族振興、人民幸福的中國夢歸根結底當然是中國人民自己的夢，但中國夢絕不是獨善其身，更不是以鄰為壑。正像習近平總書記所指出的，中國夢是「與包括美國夢在內的世界各國人民的美好夢想相通的」。中國人民通過追求中國夢，用自己的道路與制度、用自己的生活方式，實現安居樂業幸福成功，達到中等發達國家水平，這本身就是對世界的巨大貢獻。更重要的是在這一過程中，中國社會巨大的市場，中國人民辛勤的勞動，中國經濟強勁的拉動，中國制度溢出效應等等，可以為世界繁榮發展注入強大正能量，提供寶貴機遇和廣闊空間。

「一帶一路」倡議亦是如此。作為二十一世紀經濟全球化的新形態，作為在新起點上的對外開放，中國的「一帶一路」不附加意識形態的條件，充分尊重不同國家的制度選擇，完全在經濟層面上推動沿線國家實現發展戰略相互對接、優勢互補。「一帶一路」倡議與行動是中國倡導發起的，但是共商、共建、共享的原則，讓「一帶一路」不是封閉的，而是開放包容的；不是中國一家獨奏，而是沿線國家合唱；不是某一方的私家小路，而是大家攜手前進的陽光大道；不是營造自己的後花園，而是建設各國共享的百花園。

至於說「人類命運共同體」「中美新型大國關係」「面向未來的亞太夥伴關係」等理念同樣如此。習近平總書記曾經講過，「你瞭解我，我懂得你，道理就會越講越明白，事情就會越來越好辦。」中國理論走出去，充分彰顯中國與世界的相助、相通、相合、相融大有可為。

三、贏得世界對中國的認同

其實現在世界上任何不抱偏見的人心裡都很清楚，中國社會這些年來的成功絕非偶然、僥倖，更不是來自對西方社會的亦步亦趨。中國社會能解決西方社會解決不了的根本性、深層次的問題，在於其道路制度的威力與魅力。

雖然「物之不齊，物之情也」。世界各國「各美其美」，珍視自己的道路制度理論理所當然，但這並不意味著不渴望更好的道路制度理論，尤其是如果有好的方案已經擺在面前的時候。事實上，現在西方社會的一些人士已經開始公開羨慕並追捧能產生奇跡般績效的中國道路與中國制度。

在這樣的背景下，中國理論走出去，就要把「中國為什麼能」「中國道路為什麼好」「中國制度為什麼管用」這些問題中無可辯駁的理論邏輯、無可置疑的實踐邏輯，用中國氣派、國際表達的話語講准、講透、講到位，以贏得世界對中國的認同。在這一點上我們有足夠的自信和底氣。習近平總書記講：「中國共產黨人和中國人民完全有信心為人類對更好社會制度的探索提供中國方案。」中國的發展奇跡是它的實踐背書，中華文明的源遠流長是它的文化背書。

當今天的世界面對越來越嚴峻的環境問題時，「天人合一」為人類修復自己的家園送上一劑良藥；當今天的世界因為各種各樣的利益糾紛與衝突而可能擦槍走火的時候，「和而不同」恐怕是實現各得其所的唯一選擇；當人類社會越來越沉湎於社會發展方式「唯一解」的時候，讓「生生不息」告訴世界還有別樣的可能性、別樣的精彩是很有必要的。每個國家、每個民族自由的發展是一切國家與民族自由發展的前提。歷史並沒有終結，人類社會並不是只有一條現成的路，還有很多的新路有待我們去開闢；人類的價值從來不是單一的，五彩繽紛的價值爭奇鬥豔

共存共生才是人類社會本來和應該的價值圖景。

　　曾有哲人說：「很多時候改變了世界觀也就改變了世界。」把這樣的理念、這樣的價值、這樣的思維告訴世界，讓世界所接受、所認同、所秉持，正是中國理論走向世界的最大意義所在。

第二節　貢獻中國方案傳遞　治國理政的天下情懷

　　習近平總書記在「7‧26」講話中指出：「中國特色社會主義是改革開放以來黨的全部理論和實踐的主題。」自從中國共產黨在十二大上提出「建設有中國特色的社會主義」這一科學論斷後，以後的歷次黨代會報告題目中都要寫入「中國特色社會主義」一詞，今年的十九大也不會例外。在西方國家紛紛用所謂「普世價值」來搶佔競爭制高點的時候，中國共產黨人反其道行之，堅持「特色」一以貫之，「咬定青山不放鬆」。在這強大的戰略定力背後，是基於對歷史經驗教訓的汲取，也是對馬克思主義哲學方法論的自覺遵循。毛澤東同志當年講中國是特別願意向外國學習的，君主立憲制、議會制、多黨制、總統制等等都學過試過，但總是老師欺負學生，社會依舊一盤散沙，積貧積弱。後來找到了馬克思主義，找到了社會主義，讓中國社會站了起來，但由於經驗不足一度受蘇聯模式影響比較大，走了一些彎路。只有走上了中國特色社會主義道路才真正走上了成功的道路。這一道路的祕訣就是把馬克思主義的普遍原理與中國實際緊密結合，把社會主義的科學構想與中國國情緊密結合，形成自己的特色，發揚光大自己的特色。四十餘年來，「中國特色」讓一個飽受外族欺侮的國家不僅站了起來、富了起來，現在已經開始了從大國邁向強國的新征程；讓占世界近五分之一人口的社會民眾不僅已經總體小康，而且即將實現全面小康，並開始向全面現代化邁進；當西方社會陷入發展經濟步履蹣跚、治理社會力不從心的困境時候，「中國特色」讓中國社會「風景這邊獨好」。

　　作為馬克思主義者，中國共產黨深知中華民族的偉大復興不能獨善

其身，建設社會主義、實現共產主義更是一件世界性的事業。在堅持「中國特色」的同時從來沒有放棄過世界眼光，沒有淡化過全球意識，而是始終把中國國家治理與全球治理放在一起謀劃，在擔負起優化改善全球治理責任的同時實現對國家的更好治理。這一點突出體現在對待經濟全球化的立場與態度上。近些年來，一些西方發達國家去經濟全球化、反經濟全球化的動作頻頻，在這樣的背景下中國共產黨領導中國社會中流砥柱，舉起了捍衛推動改善經濟全球化的大旗。儘管經濟全球化是伴隨著資本主義社會的擴張走向世界。馬克思恩格斯在《共產黨宣言》中就講過：「不斷擴大產品銷路的需要，驅使資產階級奔走於全球各地，它必須到處落戶，到處開發，到處建立連繫。」[1]儘管十九世紀中葉中國社會遭受的西方列強侵略其實也是早期經濟全球化的一種形式，在這個意義上甚至可以說中國社會本來還是經濟全球化的犧牲品。但是不管是什麼形式的經濟全球化，它畢竟開啟了世界歷史的進程，是歷史進步的客觀現象。作為馬克思主義者，中國共產黨清醒地認識到，推動人類社會文明進步的力量只有在世界歷史的意義上才可能真正存在，更加美好的人類社會發展狀態也只有在世界歷史的意義上才可能真正實現。所以，習近平主席不僅在各種國際場合，從G20杭州峰會到亞太經合組織領導人會議再到世界經濟論壇上倡導推動經濟全球化，更通過提出「一帶一路」的倡議、創建自由貿易區、建設亞洲基礎設施投資銀行等推進全球經濟治理的舉措，事實上建構起了二十一世紀經濟全球化的新樣態。

經濟全球化是一種伴隨著社會生產力的發展而出現的客觀經濟社會現象，究竟是造福人類還是危害世界，取決於對經濟全球化理念的選擇

---

1 《馬克思恩格斯選集》卷1（北京市：人民出版社），頁276。

與制度的設計。當代中國共產黨人倡導推動的經濟全球化之所以有別於傳統的經濟全球化，優越於傳統的經濟全球化，在於支持經濟全球化背後的價值理念不同。傳統的經濟全球化是把世界作為大國和資本的「跑馬場」，運行模式是零和博弈甚至負和博弈，經濟全球化的結果是窮國越窮富國越富。所謂世界是平的，對於跨國公司跨國資本來說確實是平的，一馬平川，橫衝直撞，但對於欠發達和發展中國家及其民眾的權利來說恐怕難有平等而言，更多的時候是為他人作嫁衣裳甚至可能是人為刀俎我為魚肉。而中國共產黨則是以一種天下情懷來建構二十一世紀經濟全球化，其核心價值理念是習近平總書記提出的「人類命運共同體」。二十一世紀經濟全球化把世界作為一個你中有我、我中有你命運共同體，讓所有人榮辱與共，不論大國小國，不論發達還是欠發達，在國際經濟合作中權利平等、機會平等、規則平等，在共贏、共商、共建、共享中，讓世界各國人民的夢想成真。

歷史的吊詭在於，標榜「普世」的背後販賣的是只有利於少數人、少數國家的私貨，坦言「特色」的反倒是著眼全人類、全社會的共同問題與普遍訴求。不要因為使用了「特色」這個詞，就把「中國特色」當作一種區域性的解決方案。無論是從理論邏輯還是實踐邏輯講，「中國特色」名為「特色」，但眼光是世界的，情懷是人類的，思維是整體的。「特色」思考的是如何在經濟全球化的背景下、在競爭日趨激烈的環境中實現國家富強民族振興和平發展這一普遍問題；「特色」回應的是如何讓一個社會中更多的人過上更加幸福、更有尊嚴的生活這一共同期待；「特色」體現的在既定的生產力框架下如何讓制度更加適應生產力的發展並推動生產力向更高水準發展這一一般性規律。中國的實踐對中國之外的其他國家也是管用的，至少有很大的借鑑意義。所以，習近平總書記講：「中國共產黨人和中國人民完全有信心為人類對更好社會

制度的探索提供中國方案。」[2]對發展中國家來說，意味著走向現代化並不是只有西方發達國家走過的「獨木橋」，「中國方案」提供了一條極其可靠而又現實的途徑；對於一些發達國家來說，要想走出自己造就的國際亂局、國內困境、經濟全球化兩難，「中國方案」也是一劑良藥而且還不苦口。

從「中國特色」到「中國方案」，解決好民族性問題，就有更強能力去解決世界性問題；把中國實踐總結好，就有更強能力為解決世界性問題提供思路和辦法。這是由特殊性到普遍性的發展規律。「中國方案」不是某一種具體的制度體制模式，也絕不主張用一種模式來改造整個世界，來對人類生活進行格式化。而是一種新世界觀、新價值觀和新方法論，是把世界作為一個整體，把人類作為一個整體而進行的道路設計與制度建構。中國共產黨人是唯物主義者，但並不否認在很多時候改變了世界觀也就改變了世界。從人類命運共同體的你中有我、我中有你，到「一帶一路」的百花園、順風車，再到文明多樣性的「美人之美、美美與共」，以及全球治理體制的「並育而不相害、並行而不相悖」，等等。當這些理念越來越為世界所接納、所認同、所踐履時，[3]世界將會呈現出一種嶄新的面貌，中華民族偉大復興也就有了一個良好的外部環境。

2　2016年7月1日習近平總書記在慶祝中國共產黨成立95周年大會上的講話。

3　2017年2月10日，「構建人類命運共同體」理念首次在聯合國社會發展委員會第55屆會議上被寫入聯合國決議，隨後若干聯合國決議皆使用這一提法。2017年9月11日，第71屆聯大又把「共商、共建、共享」作為原則寫入「聯合國與全球經濟治理」決議。此外，中國提出的「大眾創業、萬眾創新」也進入聯合國關於紀念「世界創新日」的決議。中國理念走向世界的內容越來越多，頻率越來越快。

第九章　革命精神

第一節　革命精神的新時代解讀

黨的十八大以來，習近平總書記不止在一個場合，不止一次談到「革命」。從「革命理想高於天」到「不忘革命初心」再到「以自我革命精神推進改革」，革命的情懷溢於言表。特別是在二〇一六年底全國政協新年茶話會上，更是明確提出「大力弘揚將革命進行到底精神」。習近平總書記為什麼要講革命，革命精神對於今天的中國社會究竟意味著什麼，我們如何才能將真正的革命精神真正發揚光大。新時代要有新解讀，新時代要有新認知，新時代要有新覺悟。

一、革命尚未成功

實事求是講，對於今日中國社會很多的人來說，「革命」是一個久違了的詞彙，是一個屬於已經逝去的時代，是一種已經成為歷史的行為。但是革命真的已經過去了嗎？革命真的應該過去嗎？恐怕並不是如此，也不能如此。

革命就其本源意義來講是革故鼎新，是辭舊迎新；其方法論的特點是根本性的變化、深層次的變動，是完全徹底的改變；其價值指向是向好、向新、向善，正所謂「苟日新、日日新、又日新」。中國古代的湯武革命是革命，因為它「順乎天而應乎人，革之時大矣哉。」法國大革命是革命，它敲響了封建社會的喪鐘，宣告資本主義社會作為一個新的社會即將降臨；英國革命、美國革命同樣是革命，它們讓資本主義社會有了自己的現實形態，開始了人類社會的新紀元。至於說二十世紀中國共產黨領導的革命更是一場偉大的革命，它建立了人民當家做主的新中

國，讓社會主義社會在世界東方成為現實，讓中華民族煥發出了蓬勃的生機。

革故鼎新是社會規律，是歷史大勢，從不停步也不能停步。因此就特定階段、特定目標來說，革命已經成功；就更大範圍、更長歷史時期來看，革命尚未成功，同志仍需努力。

具體到當代中國來說，當年的革命當然是革命，今日的建設與改革何嘗不是革命。革命時代的革命已經結束了，建設和改革時期的革命正在進行而且還要繼續進行下去。新的革命可能不再有「刀光劍影」的色彩，而更多的是體現於某一領域、某一層面的要求。比如，發展方式的革命、發展理念的革命、體制機制的革命、科學技術革命以及「能源生產和消費革命」，等等。但是這一切所要進行的變革、所要引發的變化，其深刻性不亞於以往任何一場革命；所要攻克的硬骨頭、所要跨越的地雷陣，其艱難與複雜同樣不亞於以往任何一場革命。這也就是鄧小平同志當年講「改革是一場革命」，習近平總書記講改革開放是「新的偉大革命」的道理所在。

二、把革命精神貫穿新的長征路

特定歷史階段的革命行為已經過去，我們不會也不能再重複昨日的故事去走老路。但在那一時代積澱形成的革命精神卻是跨越時代貫穿始終的寶貴財富，決不能「捨棄自家寶，沿街去乞討」，反倒跑到別人那裡去找什麼「普世價值」。背離了革命理想的奮鬥，忘卻了革命初心的做法，沒有了革命精神的行為，今日的新長征不僅走不好，甚至會南轅北轍。

我們要把革命精神貫穿偉大鬥爭。在當代中國從大國邁向強國的歷史征程中，要隨時準備進行具有許多新的歷史特點的偉大鬥爭：維護國

家主權的鬥爭，反分裂的鬥爭；有硝煙的軍事鬥爭，沒有硝煙的意識形態鬥爭；看得見的經濟政治鬥爭，看不見的文化價值觀鬥爭；反顛覆、與不懷好意對手的鬥爭，反腐敗、與自身不良現象的鬥爭等等。進行這些鬥爭或許會流血或許不會流血，不流血的鬥爭可能更嚴酷；這些鬥爭或許是公開的或許是不公開的，不公開的鬥爭可能更艱巨。面對所有這些鬥爭，我們必須要像當年的共產黨人那樣不猶豫、不觀望、不懈怠、不軟弱，勇於亮劍，敢於對陣，決不鄉愿綏靖，決不自廢武功。

我們要把革命精神貫穿偉大工程。在新長征路上中國共產黨如何經受住「四大考驗」，克服「四種危險」，始終保持先進優秀，不是一件容易的事情。如果理想信念喪失，革命意志衰退，就會百病纏身，就會讓不懷好意者生覬覦之心。在長期執政的過程中存在這樣那樣的問題並不可怕，有問題就解決，有病就治。「小」革命洗洗澡、出出汗，「大」革命壯士斷腕、刮骨療毒。既不要諱疾忌醫，更不要被病情嚇倒。曾經有人對反腐敗沒有信心甚至不敢去反腐敗。黨的十八大以來，在波瀾不驚中反腐敗鬥爭壓倒性態勢已經形成，這充分說明對於一個有著革命精神的中國共產黨來說，腐敗不過是「明珠蒙塵」，只要勤擦拭，定會光彩燦爛。

我們要把革命精神貫穿偉大事業。在社會主義初級階段的背景下實現中華民族偉大復興，在發展中國家的基礎上建設現代化，在十三億乃至更多人口的國度中實現共同富裕，在為西方主導的世界格局中實現大國的和平崛起等等，所有這些都是過去從來沒有過的全新的事情、全新的探索、全新的實踐。如何讓中國特色社會主義道路越走越寬廣，讓科學社會主義在二十一世紀煥發出新的蓬勃生機，要用新的理念、新的作為將革命進行到底。

三、最關鍵的是自我革命

革命當然是為了最終改造客觀世界，但改造客觀世界首先要改造主觀世界。尤其對於今日中國共產黨來說，革命最關鍵的是自我革命，革命精神最突出的是自我革命的精神。

近些年來，我們一些同志為過去的成就所驕傲，為眼前的成果所陶醉，小富即安，故步自封，無意識甚至不願意正視繁榮背後的隱憂。習近平總書記曾多次引用古人一句話：「天下之患，最不可為者，名為治平無事，而其實有不測之憂。坐觀其變而不為之所，則恐至於不可救。」迎面而來的危機並不可怕，意識不到危機，不願意正視危機、不準備應對危機才是最大的危機。

我們當然要充分肯定這些年來革命建設改革所取得的一切成果，對這些成果給予多高的評價都不為過。但是面對實現中華民族偉大復興中國夢，面對人民群眾對過上更好生活的新期待，面對中國共產黨人的偉大理想，所有這些成果都只能是前進中的一個小逗號。這一切只能是我們繼續奮起而前行的臺階，不能成為包袱，更不能成為羈絆。

更何況在這一過程中，一些共產黨員和領導幹部已經有意無意地成了既得利益者或者代表既得利益者，已經開始為自己的罈罈罐罐想後路找退路；一些行為、一些做法已經開始嚴重阻礙中國朝著更加持續健康、公平正義、文明進步社會的前進；一些體制機制已經開始蛻化為小圈子小群體利益的避風港，自我固化、自我擴張。

革命者首先要自我革命，沒有革命的覺悟，沒有革命的意志，就不可能有革命的行動、革命的成果。一些偽革命、假革命的思想與行為只會讓革命異化、讓人民群眾失望以致反感。為什麼黨的十八大以來治國理政呈現出新氣象，就是因為不論是全面建成小康社會、全面深化改革，還是全面依法治國、全面從嚴治黨，說到根本上都是中國共產黨的自我革命。也正是這樣的革命，讓中國社會從來沒有如此離夢想更近。

第二節　永遠保持共產黨人的革命精神

習近平總書記在學習貫徹黨的十九大精神研討班重要講話中強調指出：「我們是革命者，不要喪失了革命精神。」革命精神是中國共產黨先進優秀的看家法寶、攻堅克難的力量源泉、走向勝利的政治優勢。要實現黨和國家興旺發達、長治久安，中國共產黨人就必須保持革命精神、革命鬥志，就一定要不忘初心、牢記使命、永遠奮鬥，通過徹底的自我革命堅定不移地把偉大社會革命繼續推進下去。

一、革命精神來自對馬克思主義革命觀的深刻認知

習近平總書記對革命精神的重視是一以貫之的。黨的十八大以來，從「革命理想高於天」到「不忘革命初心」再到「以自我革命精神推進改革」，革命的覺悟、情懷、意志溢於言表。特別是二〇一六年底在全國政協新年茶話會上，更是明確提出「大力弘揚將革命進行到底精神」。這一要求在今年的「1‧5」重要講話中再次予以重申與宣示。習近平總書記對革命精神的重視與強調，集中體現了中國共產黨人對馬克思主義革命觀的深刻認識、科學遵循與自覺踐履。

在相當長一段時間以來，中國社會有些人把革命簡單地等同於曾經發生過的暴力革命、革命戰爭、革命運動等，並且認為革命已經逝去、革命不再需要。這種認識是極其錯誤的。雖然上述形態毫無疑問是革命的形態，甚至還是革命最直接的、最現實的、最管用的形態，但是不能

說是革命的全部內容，更不能說是革命的本質形態。關於革命的本質，馬克思在《1848年至1858年的法蘭西階級鬥爭》一文中，做了極為簡明而又科學深刻的論斷，這就是「革命是歷史的火車頭」。後來馬克思又稱革命是「社會進步和政治進步的強大發動機」。

馬克思主義認為，一個社會的生產發展同它的現存的生產關係之間日益增長的不相適應，總是要通過尖銳的矛盾、危機、痙攣表現出來。這種矛盾、危機、痙攣只有通過革命才能解決。解決了，社會就發展進步了，歷史就前進了。所以，在人類社會發展的歷史長河中，革命直接表現為政權的階級更替，表現為社會制度的興亡存廢，但深藏其後更為根本的是表現為社會生產力的解放與發展。一九五六年毛澤東同志在最高國務會議上講得更為明確，革命的最終目的就是為了解放生產力。「生產力是最革命的因素。生產力發展了，總是要革命的。」鄧小平同志之所以說「改革是革命」，「是中國的第二次革命」，也是因為「改革的性質同過去的革命一樣，也是為了掃除發展社會生產力的障礙，使中國擺脫貧窮落後的狀態。從這個意義上說，改革也可以叫革命性的變革。」

社會矛盾不會消失，革命自然不可避免也不會消失。所以，對革命不存在喜歡不喜歡、願意不願意的問題，革命是歷史的必然，是「必然性的物質力量」。一八五一年恩格斯給馬克思寫的信中講道：「革命是一種與其說受平時決定社會發展的法則支配，不如說在更大程度上受物理定律支配的純自然現象。」「制度改變的方式總是新的要求逐漸產生，舊的東西瓦解等等」，建立新的制度「總要經過真正的革命」。

正是對革命的科學認知，馬克思恩格斯在《共產黨宣言》中旗幟鮮明地指出：「共產黨人不屑於隱瞞自己的觀點和意圖。」共產黨人就是革命者，既要革命，就要有一個革命黨。中國共產黨帶領人民打碎舊世界奪取政權的革命當然已經結束了，帶領人民建設新世界的革命卻依然

在進行中，並且要繼續進行下去。從身分上中國共產黨已經是領導人民長期執政的黨，但就其本質來說仍然是帶領人民建設新世界的革命黨，是具有革命精神的執政黨。

新中國成立後，毛澤東同志要求全黨保持「過去革命戰爭時期的那麼一股勁，那麼一股革命熱情，那麼一種拼命精神，把革命工作做到底」。在改革開放過程中，鄧小平同志特別提出，「革命精神是十分寶貴的，沒有革命精神就沒有革命行動」。堅持和發展中國特色社會主義，我們一定要按照習近平總書記的指示，用旺盛的革命精神來進行自我革命，來推進偉大社會革命。

二、保持革命精神就要一以貫之推進偉大社會革命

從鴉片戰爭以來，中國社會就開始了慷慨悲歌的社會革命運動，但只有中國共產黨成立後，中國革命才進入了一個嶄新的階段，中國的社會革命才走上了正確的道路。這場革命已經進行了九十七年，這場革命還將繼續進行下去。歷史和現實都告訴我們，一場社會革命要取得最終勝利，往往需要一個漫長的歷史過程。

三、當代中國這場偉大的社會革命已經經過三個歷史階段

第一階段是新民主主義革命。在這一階段，中國共產黨團結帶領人民找到了一條以農村包圍城市、武裝奪取政權的正確革命道路，經過二十八年浴血奮戰，推翻壓在中國人民頭上的帝國主義、封建主義、官僚資本主義三座大山，實現民族獨立、人民解放、國家統一、社會穩定。

這一革命徹底結束了舊中國半殖民地半封建社會的歷史，徹底結束了舊中國一盤散沙的局面，徹底廢除了列強強加給中國的不平等條約和帝國主義在中國的一切特權，實現了中國從幾千年封建專制政治向人民民主的偉大飛躍。

第二階段是社會主義革命。新中國成立後，中國共產黨團結帶領人民意氣風發投身中國歷史上從來不曾有過的熱氣騰騰的社會主義建設，在不長的時間裡，建立起獨立的比較完整的工業體系和國民經濟體系，積累起在中國這樣一個社會生產力水平十分落後的東方大國進行社會主義建設的重要經驗，確立起社會主義基本制度，成功實現了中國歷史上最深刻最偉大的社會變革，為當代中國一切發展進步奠定了根本政治前提和制度基礎，為中國發展富強、中國人民生活富裕奠定了堅實基礎，實現了中華民族由不斷衰落到根本扭轉命運、持續走向繁榮富強的偉大飛躍。

第三階段是改革開放。從二十世紀七〇年代末起，中國共產黨團結帶領人民進行改革開放新的偉大革命，破除阻礙國家和民族發展的一切思想和體制障礙，使中國大踏步趕上時代。這一偉大革命開闢了中國特色社會主義道路，形成了中國特色社會主義理論體系，確立了中國特色社會主義制度，繁榮了中國特色社會主義文化，極大激發廣大人民群眾的創造性，極大解放和發展社會生產力，極大增強社會發展活力，人民生活顯著改善，綜合國力顯著增強，國際地位顯著提高，實現了中國人民從站起來到富起來、強起來的偉大飛躍。

今天，中國特色社會主義進入了新時代。這是中國共產黨領導人民進行偉大社會革命的成果，也是進行偉大社會革命的繼續，必須一以貫之進行下去。這一時代，中國開始了從追隨大國到引領大國的角色轉變，從快速發展到全面發展的模式跨越，從大國向強國邁進的發展階段躍遷。特別是社會主要矛盾的轉化意味著中國社會發展從宏觀到微觀、

從戰略到戰術、從觀念到制度都發生了根本性、革命性的變化，我們決不能因為勝利而驕傲，決不能因為成就而懈怠，決不能因為困難而退縮，要從推動人的全面發展和社會全面進步的高度進行戰略籌畫，從推進共享發展和實現共同富裕的高度做出應對之策，以更加旺盛的革命精神開啟新時代的新革命。通過革命精神深化社會革命，用社會革命淬煉革命精神。

四、保持革命精神還要勇於進行徹底的自我革命

習近平總書記指出：「勇於自我革命是我們黨最鮮明的品格，也是我們黨最大的優勢。」中國共產黨的偉大不在於不犯錯誤，而在於從不諱疾忌醫，敢於直面問題，勇於自我革命，具有極強的自我修復能力。中國共產黨為什麼能夠在現代中國各種政治力量的反復較量中脫穎而出？為什麼能夠始終走在時代前列、成為中國人民和中華民族的主心骨？根本原因就在於始終保持了承認並改正錯誤的勇氣，一次次拿起手術刀來革除自身的病症、解決自身的問題。

中國共產黨用九十七年的篳路藍縷、風雨滄桑、高歌猛進堅守了自我革命的初心、彰顯了自我革命的品格、實踐了自我革命的誓言。

在建黨初期對黨員和黨的一些組織「思想不純」以及「左」傾右傾錯誤進行自我革命，在長征途中對黨和軍隊中存在的博古等人「左」傾冒險主義、張國燾分裂逃跑主義進行自我革命，在延安時期對黨內存在的主觀主義、教條主義、經驗主義進行自我革命，到新中國成立後又開展了反貪污反浪費反官僚主義等等的一系列的自我革命。也正是在這樣的自我革命中，中國共產黨一次次轉危為安、化危為機，帶領中國社會從勝利走向勝利。新時期的改革開放則是中國共產黨人對自身在進行社會主義建設過程中形成的一些僵化、教條、片面、不成熟思想認識、行

為習慣與制度模式的自我革命，摒棄以階級鬥爭為綱轉向以經濟建設為中心，摒棄計劃經濟實行社會主義市場經濟。也正是這樣一次深刻的自我革命，中國共產黨人開始了帶領中國社會發展中國特色社會主義的偉大征程，也讓中國共產黨當之無愧地成為中國特色社會主義的領導核心。

全面從嚴治黨更是中國共產黨人的自我革命。黨的十八大以來，以習近平同志為核心的黨中央全面從嚴治黨，以刀刃向內的勇氣向黨內頑瘴痼疾開刀，體現的正是中國共產黨自我革命的決心和意志。從八項規定轉作風到雷霆萬鈞反腐敗，從紮緊制度的籠子到高揚理想信念，從嚴格黨內政治生活到加強黨內監督，從洗澡出汗、壯士斷腕到刮骨療毒、鳳凰涅槃，中國共產黨切實解決了黨在作風、思想、組織、紀律等方面存在的問題，實現了政黨面貌的大革新、政黨形象的大提升、政黨制度的大完善、政黨能力的大提高。

進入新時代，決勝全面建成小康社會的攻堅任務、全面建設社會主義現代化強國的奮鬥目標、實現中華民族偉大復興的歷史使命，對我們黨提出了前所未有的新要求，「四大考驗」「四種危險」以及影響黨的先進性、弱化黨的純潔性的各種因素更具有很強的危險性和破壞性。要想不被挑戰打倒，要想永葆生機活力，一定要勇於進行徹底的自我革命。這種自我革命來自中國共產黨的自覺自警，同樣來自中國共產黨的自信自豪。習近平總書記指出：「我們黨之所以有自我革命的勇氣，是因為我們黨除了國家、民族、人民的利益，沒有任何自己的特殊利益」。黨的十九大之所以能也之所以敢提出「堅決防止黨內形成利益集團」這一斬釘截鐵地論斷，同樣基於中國共產黨的政治新覺醒。一個世界上最偉大又最強大的政黨，當然不應該犯這種顛覆性的錯誤，也不允許犯這樣顛覆性的錯誤。中國共產黨已經在革命性鍛造中更加堅強，我們要在全面從嚴治黨這場偉大的自我革命中繼續百煉成鋼。

第十章　一以貫之

一個政黨要想在社會歷史發展的長河中做出能載入史冊的貢獻，一以貫之是最為基本的實踐品格。作為馬克思主義政黨，中國共產黨堅持信仰理想一以貫之，從建黨之初起就把共產主義遠大理想寫在自己的旗幟上；作為中國人民和中華民族先鋒隊，中國共產黨堅持為中國人民謀幸福、為中華民族謀復興的初心與使命堅定不渝。習近平總書記在二〇一八年一月五日新進中央委員會的委員、候補委員和省部級主要領導幹部學習貫徹習近平新時代中國特色社會主義思想和黨的十九大精神研討班的講話中，對新時代中國共產黨的一以貫之進行了科學深入的闡述，這就是堅持和發展中國特色社會主義要一以貫之，推進黨的建設新的偉大工程要一以貫之，增強憂患意識、防範風險挑戰要一以貫之。

第一節　一以貫之堅持和發展中國特色社會主義

中國特色社會主義是改革開放以來黨的全部理論和實踐的主題。自從鄧小平同志在一九八二年黨的十二大開幕詞提出「走自己的道路，建設有中國特色的社會主義」以來，「中國特色社會主義」就成為歷次黨的代表大會的主題詞。這一點我們從歷次黨代會報告的題目中就可以看得很清楚：

十三大：沿著有中國特色的社會主義道路前進。

十四大：加快改革開放和現代化建設步伐，奪取中國特色社會主義事業的更大勝利。

十五大：高舉鄧小平理論偉大旗幟，把建設中國特色社會主義事業全面推向二十一世紀。

十六大：全面建設小康社會，開創中國特色社會主義事業新局面。

十七大：高舉中國特色社會主義偉大旗幟，為奪取全面建設小康社會新勝利而奮鬥。

十八大：堅定不移沿著中國特色社會主義道路前進，為全面建成小康社會而奮鬥。

十九大：決勝全面建成小康社會，奪取新時代中國特色社會主義偉大勝利。

習近平總書記指出：「堅持和發展中國特色社會主義是一篇大文章，鄧小平同志為它確定了基本思路和基本原則，以江澤民同志為核心的黨的第三代中央領導集體、以胡錦濤同志為總書記的黨中央在這篇大文章上都寫下了精彩的篇章。現在，我們這一代共產黨人的任務，就是

繼續把這篇大文章寫下去。」[1]寫好這篇大文章最基本的要求就是要堅持一以貫之。

　　一以貫之首先是對歷史邏輯的一以貫之。中國特色社會主義不是從天上掉下來的，是在改革開放四十年的偉大實踐中得來的，是在中華人民共和國成立近七十年的持續探索中得來的，是在我們黨領導人民進行偉大社會革命九十七年的實踐中得來的，是在近代以來中華民族由衰到盛一百七十多年的歷史進程中得來的，是對中華文明五千多年的傳承發展中得來的。因此，中國特色社會主義深深打著中國的印記，深深扎根於中國的土壤中。「中國國情」這不是一句空話，也不是一句托詞。馬克思曾經講過一段話，「人們自己創造自己的歷史，但是他們並不是隨心所欲地創造，並不是在他們自己選定的條件下創造，而是在直接碰到的、既定的、從過去繼承下來的條件下創造。」[2]恩格斯也說過類似的話：「我們自己創造著我們的歷史，但是第一，我們是在十分確定的前提和條件下創造的。」[3]社會發展不可能避開這些因素和這些因素所帶來的既定狀態，國情就是這樣一種因素。一個國家的歷史文化、經濟狀況、發展程度都是不可選的、都是既定的，甚至是特定的。比如中國，人口多、底子薄、生產力不發達就是已經持續很多年並且還將持續更多年的國情，維護國家安全、民族團結、人民利益的需要更是一個長期的任務與壓力。儘管隨著中國特色社會主義進入新時代，中國社會主要矛盾已經轉化為人民日益增長的美好生活需要和不平衡不充分的發展之間的矛盾，但正像黨的十九大報告所指出的，中國仍處於並將長期處於社會主義初級階段的基本國情沒有變，中國是世界最大發展中國家的國際

1　習近平：《習近平談治國理政》（北京市：外文出版社，2014），頁23。

2　《馬克思恩格斯文集》卷2（北京市：人民出版社，2009），頁470-471。

3　《馬克思恩格斯選集》卷4（北京市：人民出版社，1995），頁696。

地位沒有變。未來中國的發展也好，建設也罷，都需要在目前這樣一個客觀的背景和環境下往前走。恩格斯在《自然辯證法》中曾講過這樣的話「從歷史的觀點來看，這件事也許有某種意義：我們只能在我們時代的條件下去認識，而且這些條件達到什麼程度，我們才能認識到什麼程度。」[4]

一以貫之還體現在對實踐邏輯的一以貫之。以黨的十一屆三中全會為標誌，我們黨領導人民進行社會主義建設，主要分為改革開放前和改革開放後兩個歷史時期。這是兩個相互連繫又有重大區別的時期，但本質上都是我們黨領導人民進行社會主義建設的實踐探索。既不能用改革開放後的歷史時期否定改革開放前的歷史時期，也不能用改革開放前的歷史時期否定改革開放後的歷史時期。改革開放前的社會主義實踐探索為改革開放後的社會主義實踐探索積累了條件，改革開放後的社會主義實踐探索是對前一個時期的堅持、改革、發展。對改革開放前的社會主義實踐探索，要堅持實事求是的思想路線，堅持真理，修正錯誤，發揚經驗，吸取教訓，在這個基礎上把黨和人民事業繼續推向前進。

一以貫之更主要的是對理論邏輯的一以貫之。中國特色社會主義一定要堅持科學社會主義基本原則。這具體體現為在中國共產黨領導下，立足基本國情，以經濟建設為中心，堅持四項基本原則，堅持改革開放，解放和發展社會生產力，建設社會主義市場經濟、社會主義民主政治、社會主義先進文化、社會主義和諧社會、社會主義生態文明，促進人的全面發展，逐步實現全體人民共同富裕，建設富強民主文明和諧美麗的社會主義現代化強國；體現為堅持人民代表大會制度的根本政治制度，中國共產黨領導的多黨合作和政治協商制度、民族區域自治制度以

4　《馬克思恩格斯選集》卷4（北京市：人民出版社，1995），頁337-338。

及基層群眾自治制度等基本政治制度，中國特色社會主義法治體系，公有制為主體、多種所有制經濟共同發展的基本經濟制度，等等。習近平總書記指出：「這些都是在新的歷史條件下體現科學社會主義基本原則的內容，如果丟掉了這些，那就不成其為社會主義了。」

堅持一以貫之絕對不是因循守舊，越是改革創新越能真正堅持一以貫之。四十年來，中國共產黨就是這樣做的，中國社會就是這樣走過來的。也正是我們堅定不移堅持和發展中國特色社會主義，近代以來久經磨難的中華民族實現了從站起來、富起來到強起來的歷史性飛躍，曾經一窮二白的中國社會擺脫貧困、告別溫飽、實現總體小康，現在已經到了全面建成小康社會的決勝階段。特別是黨的十八大以來，黨中央科學把握當今世界和當代中國的發展大勢，順應實踐要求和人民願望，推出一系列重大戰略舉措，出臺一系列重大方針政策，推進一系列重大工作，解決了許多長期想解決而沒有解決的難題，辦成了許多過去想辦而沒有辦成的大事，黨和國家事業取得了歷史性成就，發生了歷史性變革，中國特色社會主義進入了新時代。在這一新時代，我們要進行偉大鬥爭、建設偉大工程、推進偉大事業、實現偉大夢想。

比如，經過四十年的快速趕超，今日中國社會已經到了當年鄧小平同志所講的「發展起來以後」的時期。在這一時期，中國社會以經濟建設為中心沒有改變，但「中心」要與「全面」並駕齊驅，發展重心從狹義的經濟發展拓展到了政治、文化、社會、生態全方位的發展。體現在人民群眾的期待上就是隨著人民群眾經濟生活的顯著改善，對美好生活的嚮往更加強烈，人民群眾的需要呈現多樣化多層次多方面的特點，期盼有更好的教育、更穩定的工作、更滿意的收入、更可靠的社會保障、更高水準的醫療衛生服務、更舒適的居住條件、更優美的環境、更豐富的精神文化生活。新時代的中國特色社會主義要在繼續推動經濟發展的同時，更好解決中國社會出現的各種問題，更好實現各項事業全面發

展，更好推動人的全面發展、社會全面進步。

又比如，經過四十年的高歌猛進，中國開始了從追隨大國到引領大國的角色轉變，從大國向強國邁進的發展階段躍遷。中國與世界的關係，特別是行為模式和心理心態也正在和將要發生著巨大的歷史性轉換。中國特色社會主義道路不再只是中國社會的一條成功之路，不再只是「個案」「孤例」，而是意味著社會主義在現實社會中可以煥發出強大生機活力並不斷開闢發展新境界，意味著發展中國家走向現代化又多了一條極其可靠而又現實的途徑。中國特色社會主義不僅在解決中國問題方面成績驕人，在解決人類問題方面同樣能貢獻中國智慧、提供中國方案，等等。

在新時代堅持一以貫之，就是要以新的精神狀態和奮鬥姿態把中國特色社會主義推向前進。要以更寬廣的視野、更長遠的眼光來思考和把握國家未來發展面臨的一系列重大戰略問題，不斷進行理論創新；要以更堅定的立場、更科學的方法制定黨和國家大政方針、發展戰略和各項政策，不斷進行制度創新；要勇於自我革命，勇於革故鼎新，讓信念更加堅定、黨性更加堅強，不斷鞏固黨的執政基礎和群眾基礎。中國特色社會主義這篇大文章已經譜寫出了美好的篇章，在以習近平同志為核心的黨中央堅強領導下，我們一定要也一定能譜寫出更加美好的新篇章。

第二節　一以貫之推進黨的建設新的偉大工程

　　把中國共產黨的建設稱為「偉大工程」是中國共產黨一以貫之的認識。一九三九年，毛澤東同志在《共產黨人》發刊詞中提出，「建設一個全國範圍的、廣大群眾性的、思想上政治上組織上完全鞏固的布爾什維克化的中國共產黨」的「偉大的工程」。[5]後來在黨的十四屆四中全會上提出「新的偉大工程」而一直沿用到今。在黨的十九大上，習近平總書記更是明確提出「實現偉大夢想，必須建設偉大工程。這個偉大工程就是我們黨正在深入推進的黨的建設新的偉大工程。」

一、堅持黨的領導一以貫之

　　堅持黨的領導既是黨的建設這一偉大工程的根本要求，又是其價值指向。沒有黨的領導不可能建設好黨，建設好黨就是為了更好實現黨的領導。黨的十九大更進一步強調要堅持黨對一切工作的領導，堅持和加強黨的全面領導。一個「一切工作」，一個「全面」都是在重申、強調黨的領導要貫穿體現於黨和國家事業的全過程、各方面，從廣度到深度，全方位、全層面無空白、無薄弱，始終總攬全域、協調各方，真正做到黨政軍民學，東西南北中，黨是領導一切的。

　　突出黨的政治領導。政黨是政治組織，政黨領導首先是政治領導。

5　毛澤東：《毛澤東選集》卷2（北京市：人民出版社，1991），頁602。

何為中國共產黨的政治領導？其實就是把中國共產黨的初心，也就是信仰、主義、宗旨、立場體現在黨的路線方針政策中。從哪裡來、到哪裡去、要做什麼、為誰而做，對這些問題的自覺與堅守，回答與踐履就是中國共產黨最大的政治。提出實現中華民族偉大復興中國夢的戰略遠景，確立「兩個一百年」的奮鬥目標，統籌推進「五位一體」總體布局和協調推進「四個全面」戰略布局等等，就是中國共產黨最鮮明的政治領導。

強化黨的組織領導。對於中國這麼一個近十四億人的大國、對於中國共產黨這麼一個近九千萬人的大黨，如何凝聚起來形成共識，如何團結起來形成戰鬥力，靠什麼？毫無疑問要靠核心。鄧小平同志講，「任何領導集體都要有一個核心，沒有核心的領導是靠不住的」。黨的組織領導當然體現為黨的組織體系、黨的制度法規體系卓有成效的領導，但更離不開凝聚這一體系的領導核心。有了核心，組織就有了「主心骨」；有了核心，制度就有了「定盤星」。

夯實黨的思想領導。中國共產黨是高度重視思想建設與理論武裝的馬克思主義政黨，通過思想建設與理論武裝來實現黨的思想領導是中國共產黨的一大法寶。黨的十九大提出，在全黨開展「不忘初心、牢記使命」主題教育，是中國共產黨在中國特色社會主義進入新時代的背景下進行的又一次思想建設與理論武裝的重大舉措，也是加強黨的思想領導的重大舉措。我們要「以堅定理想信念宗旨為根基」，挺起共產黨人的精神脊梁，解決好世界觀、人生觀、價值觀這個「總開關」問題，自覺做共產主義遠大理想和中國特色社會主義共同理想的堅定信仰者和忠實實踐者。

二、提高黨的建設品質一以貫之

中國共產黨作為一個要帶領中國社會實現全面現代化奮鬥目標的政黨，一個要帶領中華民族實現偉大復興的政黨，一定要從政治到思想，從組織到作風，從紀律到制度都是高標準、嚴要求，要在「品質」上下功夫。雖然「提高黨的建設品質」是在黨的十九大首次提出的，其實貫穿了中國共產黨九十七年的建黨實踐。其實踐指向的就是讓中國共產黨真正成為當之無愧的「主心骨」，真正成為名副其實的「眾星捧月」中的「月」，真正成為無可爭議的最高政治領導力量，始終成為中國特色社會主義事業的領導核心。

提高黨的建設品質，概括起來其實就是建設兩個「大」：建設世界上最偉大的政黨，建設世界上最強大的政黨。

中國共產黨是一個政治組織，政治立場、政治方向、政治原則、政治道路、政治理想、政治綱領等等是區別於其他政黨最本質的屬性，也是中國共產黨先進優秀的根本。如果不信仰共產主義了還能是中國共產黨嗎？如果不能全心全意為人民服務，也就不是中國共產黨了。我們要不斷加強黨的先進性和純潔性建設，不忘初心，牢記使命，以堅定理想信念宗旨為根基，把中國共產黨建設成為世界上最偉大的政黨。「打鐵必須自身硬」，領導進行偉大鬥爭、建設偉大工程、推進偉大事業、實現偉大夢想的政黨首先得是偉大的。而偉大的政黨最根本的是主義信仰宗旨的偉大，是理想信念的偉大，這就要把黨的政治建設擺在首位，以政治建設統領其他四大建設，在自我革命中彰顯偉大、實踐偉大。

我們要不斷增強黨的政治領導力、思想引領力、群眾組織力、社會號召力，提高黨把方向、謀大局、定政策、促改革的能力和定力，增強黨自我淨化、自我完善、自我革新、自我提高的能力，把中國共產黨建設成為世界上最強大的政黨。強大的政黨要有創造力、戰鬥力、凝聚

力，這來自紀律、來自制度、來自規矩，要嚴明紀律、遵守規矩，讓制度貫穿黨的建設全過程。同時還要加強學習，提高本領，不斷提高學習本領、政治領導本領、改革創新本領、科學發展本領、依法執政本領、群眾工作本領、狠抓落實本領、駕馭風險本領，讓政治覺悟與工作本領相得益彰，切實提高黨長期執政的能力。

三、堅持管黨治黨一以貫之

中國共產黨全面從嚴治黨最直接的原因，用鄧小平同志的話講就是「這個黨該抓了，不抓不行了」。執政時間長了難免精神懈怠，難免滋生病患，特別是在變化的社會、開放的環境、市場經濟的背景下，商品交換那一套也或多或少地進到了黨內政治生活和工作中，相當的一些幹部被腐敗擊垮，不少地方的政治生態被污染。如果再不管黨治黨，不用等到被別人打敗，自己就會先把自己打敗。

但是，中國共產黨還真不能被打敗。無論是中國特色社會主義事業的領導核心，還是中國人民的「主心骨」、中華民族的中流砥柱，以及統領各方治國理政穩坐中軍帳的「帥」，如此眾多的身分標籤，無非說明黨強則國強、黨興則事業興、黨好則人民好。所以，習近平總書記指出：管黨治黨不僅關係黨的前途命運，而且關係國家和民族的前途命運。「必須以更大的決心、更大的勇氣、更大的氣力抓緊抓好」。這既表明了中國共產黨對全面從嚴治黨的清醒與自覺，也宣示了中國共產黨全面從嚴治黨的決心與意志。

中國共產黨敢於全面從嚴治黨的底氣來自對政黨本質屬性和使命擔當的高度自信。作為馬克思主義政黨，先進優秀是其質的規定性，是政黨本來基因，腐敗及其他不良現象只不過是「寶珠蒙塵」，把灰塵擦掉，擦得越乾淨，寶珠會越發光彩奪目。所以刮骨療毒、雷霆萬鈞的反

腐敗不僅不會把黨打垮，反而會讓黨更健康更強大；嚴格的黨內政治生活，嚴明的政黨紀律不僅不會影響黨的生機活力，反而會讓黨更團結更有戰鬥力。

人民群眾對黨的十八大以來全面從嚴治黨取得的成果，給予了很高評價。但是，在全面從嚴治黨這個問題上，我們不能有差不多了，該鬆口氣、歇歇腳的想法，不能有打好一仗就一勞永逸的想法，不能有初見成效就見好就收的想法。尤其是在中國特色社會主義進入新的發展階段，在中華民族偉大復興進入關鍵時期，中國共產黨要團結帶領人民進行偉大鬥爭、推進偉大事業、實現偉大夢想，要成功應對重大挑戰、抵禦重大風險、克服重大阻力、解決重大矛盾，要在鞏固「壓倒性態勢」的基礎上奪取「壓倒性勝利」，必須持之以恆、善作善成，把管黨治黨的螺絲擰得更緊，推動全面從嚴治黨向縱深發展。

隨著全面從嚴治黨站上了歷史新起點，我們有資格也有條件百尺竿頭更進一步，在縱深上下功夫，在保持上做文章，在關鍵環節上求突破，在基礎問題上用力氣，把全面從嚴治黨的思路舉措搞得更加科學、更加嚴密、更加有效。比如，「反腐」當然不會鳴金收兵，但隨著腐敗存量的不斷減少，如何遏制增量的「防腐」將要擺到更加凸出的位置；又比如，「不敢腐」「不能腐」的好態勢當然要鞏固，但加固「不想腐」的思想基礎更需久久為功，事上磨鍊；再比如，不僅要繼續拔「爛樹」、治「病樹」、正「歪樹」，更要正本清源，在嚴肅黨內政治生活，營造風清氣正的政治生態，涵養積極向上的黨內政治文化方面多努力，等等。中國共產黨已經在革命性鍛造中更加堅強，也必將在全面從嚴治黨這場偉大的自我革命中繼續百煉成鋼。

第三節　一以貫之增強憂患意識、防範風險挑戰

「備豫不虞，為國常道」。習近平總書記指出：「當前，中國正處於一個大有可為的歷史機遇期，發展形勢總的是好的，但前進道路不可能一帆風順，越是取得成績的時候，越是要有如履薄冰的謹慎，越是要有居安思危的憂患，絕不能犯戰略性、顛覆性錯誤。」對當代中國共產黨人來說，秉持憂患意識，既是一種現實要求，一種責任自覺，更是一種政治境界。

今日的中國發展成績很大、成就很多，但發展中存在問題同樣很多、甚至很嚴峻。目前中國經濟中不穩定、不平衡、不協調、不可持續的四大結構性的問題，每一個都是懸在中國經濟發展頭上的達摩克利斯利劍；中國社會一些行為、一些做法已經開始嚴重阻礙中國朝著更加持續健康、公平正義、文明進步社會的方向前進；一些體制機制已經開始蛻化為小圈子小群體利益的避風港自我固化自我擴張。進一步看，這些年的發展在做了很多工作的同時，也忽略了很多該做的工作。比如，在注重效率，不斷做大發展的蛋糕的同時，社會貧富差距也在不斷加大，落實廣大人民群眾共享改革發展成果方面形勢嚴峻；再比如，隨著改革發展進入攻堅階段，過去被捂住的各種老大難、爛攤子和積累遺留的大量問題都相繼暴露出來了，這些問題儘管可能表現為一個側面、一個局部、一個環節的問題，但放置於矛盾凸現期這一大背景下，它就會演化成為社會性的問題、帶有全域性的問題、牽一髮而動全身的問題。

再進一步看，鄧小平同志曾講過一句話，發展起來以後的問題不比不發展時少。在沒有解決溫飽問題前，人民群眾可能對公平正義等社會

問題的感受不明顯和強烈。可是隨著我們總體實現小康，人民群眾的物質生活水準日益提高，對精神文化、健康安全等方面的需求開始日益增長，對於政治參與方面的要求也相應增長。但這一歷史任務才剛剛破題。

更需要關注的是，近些年來，我們一些同志為過去的成就所驕傲，為眼前的成果所陶醉，小富即安，故步自封，無意識甚至不願意正視繁榮背後的隱憂。習近平總書記曾多次引用古人一句話：「天下之患，最不可為者，名為治平無事，而其實有不測之憂。坐觀其變而不為之所，則恐至於不可救。」迎面而來的危機並不可怕，意識不到危機，不願意正視危機、不準備應對危機才是最大的危機。

我們當然要充分肯定這些年來革命建設改革所取得的一切成果，對這些成果給予多高的評價都不為過。但是面對實現中華民族偉大復興中國夢，面對人民群眾對過上更好生活的新期待，面對中國共產黨人的偉大理想，所有這些成果都只能是前進中的一個小逗號。這一切只能是繼續奮起而前行的臺階，不能成為包袱，更不能成為羈絆。

在現實生活中，一些黨員幹部不是不知道上面所說的這些問題，也不是不知道憂患的客觀必要性，但是在現實中卻往往很難確立起憂患的意識。總是在想，我們幹了那麼多的事情，發展取得的成績也是明擺的，不說功勞，苦勞總有一點吧。何況現在也有資格、有條件、有能力過得好一些，事實上確實已經過得很好了，縱使有偌大的問題，可預計之日也輪不到我們的頭上，何苦把自己搞得那麼苦。

這裡就涉及「為某事而幹」與「為事業而幹」的區別。幹件事，事畢理當評功論好；幹事業，尚未成功，自需銳意進取。對於中國共產黨人來說，我們的目標不是一時一事的應付了事，而是中國特色社會主義事業的興旺發達。對於某一階段性的工作可能已經完成了，甚至完成得還很好，但對於中國特色社會主義的宏大事業來說，還只是剛剛起步。

現在一些人包括黨員領導幹部可能已經過上了相對好的生活，但在不平衡、有差距、低水準的小康現狀背後還有很多的群眾日子並不寬裕，甚至還有很多艱難、還有很多疾苦。如果我們還不忘自己是共產黨人，那麼，共產黨人的覺悟、共產黨人的責任、共產黨人的使命，所有這一切都指向了要能憂患，要去憂患，要甘於憂患。

增強憂患意識，在於發揚中國共產黨人一以貫之的革命精神，特別是自我革命的精神。革命者首先要自我革命，沒有革命的覺悟，沒有革命的意志，就不可能有革命的行動、革命的成果。為什麼黨的十八大以來治國理政呈現出新氣象，就是因為不論是全面建成小康社會、全面深化改革，還是全面依法治國、全面從嚴治黨，說到根本上都是中國共產黨的自我革命。也正是這樣的革命，讓中國社會從來沒有如此離夢想更近。

把革命精神貫穿偉大事業。在社會主義初級階段的背景下實現中華民族偉大復興，在發展中國家的基礎上建設現代化，在十三億乃至更多人口的國度中實現共同富裕，在為西方主導的世界格局中實現大國的和平崛起等等，所有這些都是過去從來沒有過的全新的事情、全新的探索、全新的實踐。如何讓中國特色社會主義道路越走越寬廣，讓科學社會主義在二十一世紀煥發出新的蓬勃生機，要用新的理念、新的作為將革命進行到底。

清醒而知憂患，自覺而能憂患，務實而解憂患。只要我們做到既要有防範風險的先手，又有應對和化解風險挑戰的高招；既能打好防範和抵禦風險的有準備之戰，也能打好化險為夷、轉危為機的戰略主動戰，中國特色社會主義事業必將更加輝煌，中華民族偉大復興必將早日實現。

自我革命篇

第十一章　勇於創新

第一節　管黨治黨的實踐邏輯

　　黨的總書記抓黨的建設理所當然，所以在習近平新時代中國特色社會主義思想中關於黨的建設篇幅最多、內容最豐富。不過習近平總書記這些講話不是籠統地就黨建談黨建，而是始終貫穿一個很明確的主題，這就是從嚴治黨。

　　二〇一四年十二月，習近平總書記在江蘇考察時，又在「從嚴治黨」前面加了「全面」兩個字。「全面」這兩個字加的很關鍵，也很必要。早在二十世紀八〇年代初。鄧小平同志就提出我們這個黨該管了。三十多年過去了，鄧小平同志當年面對的很多問題尚未完全解決，鄧小平同志當年沒有遇到的問題現在也出現了，甚至還更嚴峻更複雜。在這樣的背景下，要想把從嚴治黨真正落到實處，就必須在「全面」上做文章、下功夫。全面始能從嚴，從嚴更要全面。

　　全面從嚴治黨，從轉變作風入手，通過反腐敗發力，用制度作保障，用信仰塑靈魂，從小到大、從外到內，標本兼治、固本培元，勾勒出了習近平總書記管黨治黨的實踐邏輯，也造就了中國共產黨黨的建設新氣象。

一、把轉變作風作為入手處

　　作風是黨的性質、宗旨的外化，直接而深刻地反映了黨對人民群眾的態度。九十多年來，優良作風一直是中國共產黨的驕傲與標誌，但是隨著執政時間的拓展，也潛滋暗長了一些不良的作風，這集中表現在形式主義、官僚主義、享樂主義和奢靡之風這「四風」上。對於諸種不良

作風，群眾是看在眼裡恨在心中。習近平總書記指出：「工作作風上的問題絕對不是小事，如果不堅決糾正不良風氣，任其發展下去，就會像一座無形的牆把我們黨和人民群眾隔開，我們黨就會失去根基、失去血脈、失去力量。」

面對這些問題怎麼辦？傷其十指不如斷其一指。集中力量，任務明確，在作風建設上打一個殲滅戰，不僅可以有效遏制不良作風的蔓延，還可以為黨內其他一些問題的解決創造有利條件。因此，十八大以來黨中央做的第一件事情就是制定八項規定。習近平總書記特別強調，既然做規定，就要朝嚴一點的標準去努力，就要來真格的。規定就是規定，不加「試行」兩字，就是要表明一個堅決的態度，表明這個規定是剛性的。

這種「踏石留印，抓鐵有痕」的決心和態度，我們在八項規定及其隨後一系列的舉措中看得很清楚，從領導不剪綵，會議不擺花，到中秋不發月餅、新年不發賀卡，八項規定在細節中發力，又在堅持中見效。對於這些細緻入微甚至有些小題大做的舉措，習近平總書記是這樣評價的：「抓了中秋節抓國慶日，抓了國慶日抓新年，抓了新年抓春節，抓了春節抓清明節、抓端午節，就這麼抓下去，總會見效的，使之形成一種習慣、一種風氣。」

但八項規定只是開始，習近平總書記二〇一三年一月二十二日在中央紀委二次全會上指出：「八項規定既不是最高標準，更不是最終目的，只是我們改進作風的第一步，是我們作為共產黨人應該做到的基本要求。」緊接而來的就是持續一年的黨的群眾路線教育實踐活動，通過對作風之弊、行為之垢來一次大排查、大檢修、大掃除，通過「照鏡子、正衣冠、洗洗澡、治治病」，把群眾路線的理念變成黨員幹部的行為、意識、原則，變成政黨的長期要求與常態行為。有的群眾說，現在路上和領導碰面，領導的笑容都比過去真誠多啦。這就是一種改變，雖

只是點滴，但可以積少成多；雖然只是一個現象，但透過現象可以反映出本質，使我們更深刻地認清黨和群眾的關係。

當然，作風問題具有反復性和頑固性，不可能一蹴而就、畢其功於一役，更不能一陣風、刮一下就停，必須經常抓、長期抓。所以習近平總書記反復強調作風建設沒有休止符，作風建設永遠在路上。要求我們轉變作風要有釘釘子的精神。習近平總書記很形象地指出：「釘釘子往往不是一錘子就能釘好的，而是要一錘一錘接著敲，直到把釘子釘實釘牢。如果東一榔頭西一棒子，結果很可能是一顆釘子都釘不上、釘不牢。」確實，轉作風要打殲滅戰但又不是一場殲滅戰就可以一勞永逸，而是一個漸變的過程，是一個不斷精進、不斷涵養、不斷自省的過程。

有人說，現在一些黨員幹部作風變了、行為規範了，是因為害怕了。這對不對？有沒有這種現象？有。以戴名表為例。相當多黨員幹部可能確實是不敢戴了，有網路盯著呢，有紀委查著呢，有群眾監督著呢，但這種不敢所導致的結果卻正是我們所希望的結果，黨員幹部的行為事實上規範了，很多伴生於此的不正風氣不良行為也隨之銷聲匿跡了。因此，雖然黨員幹部真正心甘情願、自覺地轉變作風更根本也更靠得住，但從某種程度上說，長期不敢和不必要的效果是相同的。這就是黨的建設從轉變作風切入的價值所在。

二、用反腐敗重塑政黨形象

不良作風背後是腐敗，腐敗必然滋生「四風」。因此，隨著轉變作風取得階段性成果，從嚴治黨又進到了第二階段，就是用反腐敗重塑政黨形象。

中國共產黨作為世界上最大的政黨，腐敗風險客觀上也更大，加上前些年的反腐敗欠帳，使得今日中國社會反腐敗殊為不易，對執政黨來

說挑戰甚至更為嚴峻。面對黨內的疑慮和社會的觀望，習近平總書記明確指出：「不是沒有掂量過。但我們認準了黨的宗旨使命，認準了人民的期待。」正是這樣的決心與意志，開啟了新時期中國共產黨反腐敗的大幕。

習近平總書記關於反腐敗的講話不僅體現了堅定的意志，更體現了對反腐敗規律的科學把握：

——反腐敗關鍵就在「常」「長」二字。

習近平總書記指出，反腐倡廉必須常抓不懈，拒腐防變必須警鐘長鳴，關鍵就在「常」「長」二字，一個是要經常抓，一個是要長期抓。如果不這樣抓，就會像溫水煮青蛙那樣，小病拖成大病，從病在表皮發展到病入膏肓，最終無藥可治。儘管現在反腐敗已經取得階段性成果，但是面對腐敗零容忍的態度不變、猛藥去屙的決心不減、刮骨療毒的勇氣不泄、嚴厲懲處的尺度不鬆。我們只有堅定決心，有腐必反、有貪必肅，不斷剷除腐敗現象滋生蔓延的土壤，才能以實際成效取信於民。

——「打虎無禁區、拍蠅無死角」。

「老虎」「蒼蠅」一起打，這是習近平總書記反復強調的一個鮮明觀點。反腐敗不定指標，沒有限額，毫不留情，絕不手軟。十八大以來省部級以上的「老虎」就抓出六十餘名，大大小小的「蒼蠅」更以成千上萬計，而且捕蠅打虎的速度與頻率還在不斷加速中。腐敗官員被抓已不再是運氣不好的小概率事件，而成為具有鐵的必然性的歷史宿命。更重要的是打老虎沒有最大只有更大。此前一年來，不斷有人「善意」地勸告和預測，反腐敗要適時收手、反腐敗會適時收手，甚至還有意無意地把「老虎」的上限劃在省部級幹部層面。

在目前這種反腐敗的態勢下，甚至有人預測關於「蒼蠅老虎」的提法將完成它的歷史使命。我們當初用這樣的說法是為了通過拍蒼蠅消除群眾身邊的腐敗，通過打老虎形成震懾消除腐敗土壤。現在來看老虎蒼

蠅是不斷變化的，大蒼蠅會變成小老虎，小老虎也會變成大蒼蠅。說句不太準確但的確是事實的話，在打掉幾隻特大老虎之後，現在社會輿論的潛臺詞中已經不再把省部級腐敗分子當老虎看了。而且經過幾次打大老虎的經驗，我們也發現所謂大老虎並不見得像想像中那麼強大不好惹。我們要在戰略上蔑視老虎，再大的老虎在黨紀國法面前也不過是一隻病貓，妄想翻江倒海只是癡人說夢；我們要在戰術上重視蒼蠅，再小的蒼蠅也會被群眾看作是黨和政府的代表，會影響黨的形象敗壞政府聲譽。淡化老虎蒼蠅的說法，將標誌著中國社會反腐敗進入有腐必反，是腐必懲的「新常態」。

——把權力關進制度的籠子裡。

雷霆萬鈞的反腐敗是必然也是必須，但我們並不會因抓住腐敗幹部而高興。畢竟黨員幹部是多年培養的寶貴財富，因腐敗被抓是個人的損失更是政黨的損失。習近平總書記曾經充滿感情地說，培養一個領導幹部比培養一個飛行員的花費要多得多，而更多的還是我們傾注的精神和精力。那麼，能否未雨綢繆防患於未然呢？可以，就是把權力關進制度的籠子裡。習近平總書記指出，要在制度的嚴密性上下功夫，要緊一點，朝嚴一點的標準去努力，來真格的，用最嚴格的制度、最嚴密的監督來保障和鞏固工作成效，切不能「牛欄關貓」。既反腐敗，更防腐敗；既有霹靂手段，更有菩薩心腸。習近平總書記對我們黨員幹部的良苦用心由此可見一斑。

三、制度治黨更具有根本性

轉變作風取得了成效，反腐敗更是成果巨大。如何才能把這些成果保持下去，讓暫時變成長期，讓權宜成為常態，這就要靠制度。無論是構建轉變作風的長效機制還是制度反腐，其指向都是用制度治黨。

在現代社會，政黨作為一個組織，要想運行得好，有戰鬥力，制度保障是最基本的。沒有制度，就沒有規矩，就談不上規範化。把一些行之有效的好做法上升為制度，是十八大以來黨建工作的重要經驗。習近平總書記對制度治黨高度重視，關於制度治黨的思想也極為豐富：

　　——關於制度的嚴肅性與權威性，習近平總書記指出，「制度一經形成，就要嚴格遵守，堅持制度面前人人平等、執行制度沒有例外，堅決維護制度的嚴肅性和權威性，堅決糾正有令不行、有禁不止的各種行為，使制度真正成為黨員、幹部連繫和服務群眾的硬約束。」以前制度建設方面存在的一個突出問題，就是「一些規定變成了『稻草人』，擺在那裡沒有用」。針對這種現象，習近平總書記明確要求，要「把制度約束作為剛性約束」，要讓紀律成為高壓線，要把籠子通上電等等。

　　——關於制度的嚴密性與科學性，習近平總書記指出：「最根本的是嚴格遵循執政黨建設規律進行制度建設，不斷增強黨內生活和黨的建設制度的嚴密性和科學性，既要有實體性制度又要有程式性制度，既要明確規定應該怎麼辦又要明確規定違反規定怎麼處理，減少制度執行的自由裁量空間，推進黨的建設的科學化、制度化、規範化。」

　　——關於制度的操作性與實踐性，習近平總書記指出：「不管建立和完善什麼制度，都要本著於法周延、於事簡便的原則，注重實體性規範和保障性規範的結合和配套。」針對轉變作風的長效機制，習近平總書記要求，要體現改革精神和法治思維，把中央要求、群眾期盼、實際需要、新鮮經驗結合起來，努力形成系統完備的制度體系，以剛性的制度規定和嚴格的制度執行，確保改進作風規範化、常態化、長效化，切實防止「四風」問題反彈，等等。

　　正因為習近平總書記高度重視制度治黨，十八大以來中國共產黨的制度建設取得了巨大進展。其中，《中央黨內法規制定工作五年規劃綱要（2013-2017年）》的頒布就標誌著黨內法規制定工作進入一個新的

階段。《綱要》提出要在建黨一百周年時全面建成內容科學、程式嚴密、配套完備、運行有效的黨內法規制度體系，並且明確要制定和修訂一批規範黨的領導和黨的工作方面的黨內法規。這些黨內法規的制定實施將為制度治黨奠定堅實的制度基礎。

此外，紀律也是制度治黨不可或缺的重要的內容之一。靠什麼把八千多萬黨員組成一個富有戰鬥力、創造力、執行力的先鋒隊？黨的紀律。習近平總書記在十八屆中紀委第三次全會上指出的「黨的力量來自組織，組織能使力量倍增」講的正是這個道理。因此，「遵守黨的紀律是無條件的」，要「使紀律真正成為帶電的高壓線」。習近平總書記以蘇共為例，強調嚴明政治紀律的重要性，他指出，「蘇共早年在有二十萬黨員時能夠奪取政權，在有二百萬黨員時能夠打敗法西斯侵略者，而在有近二千萬黨員時卻丟失了政權、丟失了自己，這是為什麼？我看，很重要的一個原因是政治紀律被動搖了，誰都可以為所欲為、言所欲言，那還叫什麼政黨呢？那是烏合之眾了」。

四、堅守共產黨人精神追求

靠制度管行為毫無疑問是管用的，但僅僅管住行為還是不夠的。從嚴治黨不僅要「治行」更要「治心」。中國共產黨執政時間久了，一些人就把權力當作政黨根本，把幹部當作政黨全部。這樣的認識是大錯特錯的，理想信念宗旨信仰才是一個政黨的根本。

中國共產黨之所以是中國共產黨，就源於它對共產主義的信仰與對共產主義的不懈追求。沒有了共產主義信仰的共產黨還能是共產黨嗎？不追求共產主義的共產黨還有必要存在下去嗎？這些提問聽起來好像有些驚世駭俗，其實就是大白話、大實話。

正因為信仰對於政黨的根本性意義，習近平總書記對於信仰給予了

高度的重視。習近平總書記講，「理想信念就是共產黨人精神上的『鈣』，沒有理想信念，理想信念不堅定，精神上就會『缺鈣』，就會得『軟骨病』。」因此，「堅定理想信念，堅守共產黨人精神追求，始終是共產黨人安身立命的根本。對馬克思主義的信仰，對社會主義和共產主義的信念，是共產黨人的政治靈魂，是共產黨人經受住任何考驗的精神支柱。」所以要「永不動搖信仰」。

對信仰的重視不僅要體現在思想教育上，更要體現在組織行為上。於是在中紀委二次會議上，習近平總書記提出要清除不合格黨員。不合格黨員，首先是思想上不合格，思想上不合格，行為上就會潛移默化，政黨的旗幟就會變色。

由於中國共產黨是執政黨，一些政黨成員尚不敢公開否認對共產主義的信仰，但他們在心底裡、在行動上已經不再相信共產主義了。對一個政黨來說，這種情況是很危險的。你公開反對共產主義沒關係，你站到共產黨的對立面去批判這個黨也沒關係。共產黨從來不缺反對者，共產黨也從來不怕反對者。對手的存在還可讓我們更加警覺，更加自律、更加有鬥志。怕就怕拉大旗作虎皮、掛羊頭賣狗肉，打著共產主義的招牌，行著非共產主義、甚至反共產主義的作為。當年蘇聯共產黨被解散，根源就在於失魂落魄，名為共產黨員但卻不再信仰共產主義。

堅定信仰更要實踐信仰，對於中國共產黨來說，信仰、宗旨、理想是連在一起的。習近平總書記指出，沒有遠大理想，不是合格的共產黨員；離開現實工作而空談遠大理想，也不是合格的共產黨員。強調在堅定共產主義信仰上，既不能「庸俗化」，天天高喊共產主義口號，去幹「跑步進入共產主義」那種事；也不能「神祕化」，認為崇高信仰、堅定信念是高不可攀的，共產主義是可望而不可即的；而是要「具體化」，把能否堅持全心全意為人民服務的根本宗旨，能否吃苦在前、享受在後，能否勤奮工作、廉潔奉公，能否為理想而奮不顧身去拼搏、去

奮鬥、去獻出自己的全部精力乃至生命，作為衡量的標準。

當信仰走向實踐，這樣的政黨就是不可戰勝的。習近平總書記關於全面從嚴治黨這一系列重要論述，不僅重塑了中國共產黨的形象，更給了中國共產黨一個光明的未來。

第二節　管黨治黨的戰略突破

一、做好「破」和「立」這兩篇文章

　　十八大以來，中國共產黨反腐敗的堅定決心、堅強意志以及明顯成效，贏得了中國社會的支持，更激發了中國社會的期待。在新的一年裡，反腐敗鬥爭將如何取得更大勝利，我們應該做什麼，我們還要做什麼，習近平總書記在十八屆中央紀委第五次全會上的講話明確了方向，更提出了要求。概而言之，我們要在思想和行動上做好「破」和「立」這兩篇文章。

　　隨著兩年來反腐敗鬥爭的高歌猛進，打老虎只有更大沒有最大，一隻又一隻老虎落馬的通告不斷增強著社會對反腐敗的信心，也不斷提升社會對反腐敗的期待。應該說與兩年前中國社會對反腐敗的預期、信心相比，都發生了翻天覆地的變化，不能反、不敢反、反不了的悲觀、頹廢、失望心態已經蕩然無存。取而代之的是反腐敗開始成了全黨的共識，並且凝聚成了全黨的意志；人民群眾對反腐敗的信心、期待、支持有了明顯的提升，並開始積極參與；腐敗團夥體系逐步打破，腐敗鏈條不斷被分割，腐敗分子的精神狀態一步步被摧垮，反腐敗與腐敗的力量對比發生決定性變化。這是一種好的現象，也是我們所希望看到的狀態。

　　但是，反腐敗尚未成功，同志仍需努力。在五次全會上，習近平總書記特別強調了「反腐敗鬥爭形勢依然嚴峻複雜」。黨中央做出這一判斷，除了是對反腐敗形勢的客觀清醒認知外，也是一種提醒，讓我們不

要因為已經取得的較大成果而對反腐敗的艱巨性、長期性、複雜性掉以輕心。我們要從戰略上講反腐敗必將取得最終勝利的自信，講對腐敗力量的蔑視，講邪不壓正；但是從戰術上、從實際的反腐敗工作中，一定要繼續重視、高度重視，畢竟歷史上多少年來的腐敗欠帳尚未完全消化，滋生腐敗的土壤並未完全清除，重構良好政治生態更是一個「病去如抽絲」的過程。正如習近平總書記所指出的：「在實現不敢腐、不能腐、不想腐上還沒有取得壓倒性勝利，腐敗活動減少了但並沒有絕跡，反腐敗體制機制建立了但還不夠完善，思想教育加強了但思想防線還沒有築牢，減少腐敗存量、遏制腐敗增量、重構政治生態的工作艱巨繁重。」

所以，今後反腐敗在思想上要「破」的已經不再是、或者說主要不再是對反腐敗的悲觀、失望、頹廢情緒，反倒是要破那種盲目樂觀、好大喜功、一勞永逸甚至馬放南山的心態；而要「立」的也不再僅僅是信心、決心，更多的恐怕是啃硬骨頭的勇氣、打持久戰的準備和固本培元的策略。

思想上的「破」與「立」，體現在行動上就是「破」要破的有力，「立」則立的科學。

破的有力就是繼續保持反腐敗高壓態勢不放鬆。在五次全會上習近平總書記講：「查處腐敗問題，必須堅持零容忍的態度不變、猛藥去疴的決心不減、刮骨療毒的勇氣不泄、嚴厲懲處的尺度不鬆，發現一起查處一起，發現多少查處多少。」這「不變」「不減」「不泄」「不鬆」就是新的一年反腐敗「破」的力度。結合習近平總書記前段時間所講的「不定指標、上不封頂，凡腐必反，除惡務盡。」在新的一年中國社會反腐敗的力度必將更加雷霆萬鈞，反腐敗的成果更加前所未有。

之所以要保持這樣的力度，是因為中國共產黨清醒地認識到中國共產黨就是與腐敗水火不容。水火不容不是托詞是今日中國社會的政治事

實，是中國共產黨的邏輯。反腐敗不會亡黨亡國，不反腐敗才真會亡黨亡國。因為對於中國共產黨來說，腐敗現象猶如「明珠蒙塵」，而不是「基因之癌」，只要「時時勤拂拭，勿使染塵埃」，依然是晶瑩剔透、光彩奪目的寶珠。

「破」是「立」的前提，「立」是「破」的保障。如何把已經取得的反腐敗成果保持下去，如何讓雷霆萬鈞從堅持變為常態，如何讓反腐敗從治標走向治本，就需要向制度建設要長效。

全面從嚴治黨，制度治黨是基礎；深入持久反腐敗，制度反腐是根本。制度建設最根本的是通過加強黨內法規制度建設，完善黨內法規制定體制機制，形成配套完備的黨內法規制度體系。當然，制度建設是一個系統工程，不可能一蹴而就，要在漸進中完善，豐富中成熟。在十八屆中紀委第五次全會上習近平總書記著重聚焦黨內監督制度、選人用人管人制度、體制機制改革和國有企業監管制度這四個方面的建章立制。這些制度都是圍繞「把權力裝進制度的籠子」這一指向，突出重點、針對時弊提出的，是促使從「不敢腐」走向「不能腐」的重要保障。

在建構、完善制度體制的同時，習近平總書記還特別強調了「要加強紀律建設，把守紀律講規矩擺在更加重要的位置」。這反映了中國共產黨人對制度建設認識的深化。

守紀律講規矩本就是加強制度建設的題中應有之義。制度既包括成文的紀律，也包括不成文的規矩，但不管成文不成文，其嚴肅性是同樣的，因為黨的優良傳統和工作慣例也是黨在長期實踐中形成的，並經過實踐檢驗、約定俗成、行之有效，需要全黨長期堅持並自覺遵循的制度。

這些年來我們黨內客觀存在輕視紀律、漠視紀律，不把紀律當回事的現象，甚至還有一些政黨成員把違反紀律當作解放思想、敢想敢幹的標誌，當作撈好處佔便宜的祕訣，而且也確實有一些政黨成員嘗到了違

紀的好處而沒有受到黨紀的處理。如果這樣的行為被縱容，這樣的現象氾濫下去，政黨將一盤散沙，反腐敗也就無從談起。打鐵先得自身硬，中國共產黨要成為像習近平總書記所要求的「有規矩」的政黨，就不僅要把規矩立起來，還要把守規矩的氛圍也立起來。

二、涵養一個好的政治生態

忠於職守是一個很自然的事情，但是為什麼引起政協委員如此關注而且闡述一大堆大道理後還得到領導人的重視，背後指向的是中國的從政環境和政治生態。正所謂：「萬物盡秋氣，一室難為春」，如果大環境、大生態出問題了，具體環節、個體活動只會變本加厲而不可能自我修復。

應該承認，這些年來政黨建設方面客觀潛滋暗長了一些不容忽視的問題：一些地方、一些部門正氣不彰，邪氣不祛；制度名存實亡，潛規則大行其道；遵紀守法埋頭實幹的幹部處處受排擠，胡作非為好大喜功的幹部如魚得水加官晉級，等等。如果這樣的從政環境、政治生態不能有效遏制消除，不僅政黨的宗旨信仰無從體現，理想目標漸行漸遠，身處其中的黨員幹部不僅會無所適從彷徨糾結甚至都不可能生存。

我們注意到，「政治生態」是習近平總書記在最近進行中央政治局集體學習時與「從政環境」一併提出的一個概念。為什麼要在「從政環境」外還要突出一個「政治生態」。這是因為生態與環境是兩個層面的問題，生態比環境更要命。環境壞了尚可能有荷花出淤泥而不染的例子，雖然少總會有；如果生態惡化了，生長出來的絕對是惡之花。這些年來因不良從政環境而違心被迫同流合污的腐敗幹部並不是小數目，因不良政治生態而淘汰消失的優秀正直黨員幹部甚至更多。這不僅是黨員幹部個人的損失，更是黨的形象和事業的損失。

因此，習近平總書記講：「加強黨的建設，必須營造一個良好從政環境，也就是要有一個好的政治生態。」這番話不僅抓住了當下黨的建設必須解決的一項緊迫任務，更表明了新一代中國共產黨人在政黨建設方面的基本立場與態度。那麼如何才能涵養一個好的政治生態呢？講三句話：

——涵養一個好的政治生態，價值是先導。什麼是一個好的、健康政治生態應該有的價值導向？就是習近平總書記提出的堅守正道、弘揚正氣，堅持以信念、人格、實幹立身；襟懷坦白、光明磊落，對上對下講真話、實話；堅持原則、恪守規矩，嚴格按黨紀國法辦事；嚴肅綱紀、疾惡如仇，對一切不正之風敢於亮劍；艱苦奮鬥、清正廉潔，正確行使權力，在各種誘惑面前經得起考驗，等等這一系列的要求。我們要在全黨全社會大力倡導弘揚這些從政品德，讓這些從政品德內化於黨員幹部思想靈魂深處，光大於執政從政行為實踐中。「忠於職守」的行政文化其實就是這一系列價值要求在行政領域的具體體現。

收藏武功總不拿出來練是會荒廢的，淡漠自己的價值觀別人的價值觀就會乘虛而入登堂入室。這些年來的經驗教訓告訴我們，正確優秀價值觀的倡導就要大大方方、大張旗鼓、旗幟鮮明、舍我其誰。

——涵養一個好的政治生態，制度是保障。要用一系列科學規範有效的制度與體制把我們的價值倡導固定下來，讓它們不僅成為每一個黨員幹部應該具備的從政品德，更是每一個黨員幹部必須做到的從政準則。這些年來我們講制度建設已經講不少了，但要想讓它真正長效起來並且管用，要做好兩件事情：一是制度建設要科學。在制度建設的過程中，不僅要注重制定新的制度，完善已有的制度，廢止不適用的制度，更要注重不同制度之間的協調與配合，不打架不抵消。二是制度執行要嚴肅。制度一經形成，就嚴格遵守，制度面前沒有特權、制度約束沒有例外，讓「正規則」暢通無阻、讓「潛規則」不再風光、讓「變通之徒」

無施展之處。不能照章（規章制度）辦事不如照長（長官意志）辦事，按規矩辦事不如看領導眼色行事，那樣的話比沒有制度的危害還要大。

此外，把制度針對性真正細化為可操作的制度也是一個需要突出關注的問題。我們以「忠於職守」為例。應該忠於職守毫無疑義，但忠於職守在制度層面的表現究竟是什麼，不能籠而統之。整天忙忙碌碌搞形式主義肯定不是敬業勤勉，苦勞不能與功勞畫等號，但要在制度層面區分開來卻又很不易。

——涵養一個好的政治生態，要從各級領導幹部首先是高級幹部做起。毋庸諱言，現在的一些不良從政環境、政治生態與一些高級領導幹部默許縱容有很直接的關係，甚至可能就是從高級領導幹部那裡蔓延開的。正所謂「楚王好細腰，宮中多餓死」，領導都如此，部下豈不更是變本加厲。反過來，如果一個省委書記、一個部長是不折不扣執行黨的紀律的模範，是凜然正氣眼裡不揉沙子的標兵，他下面的市委書記、司長局長敢不保持一致嗎？十八大以來，以習近平同志為核心的中央領導集體在堅守正道、敢於擔當等各個方面為全黨帶了個好頭。只要我們各級黨員領導幹部，各級黨的組織都像中央領導同志那樣，自覺地一級帶一級，何愁涵養不出一個健康的政治生態。

破舊方可立新，祛邪始能扶正。反腐敗也是涵養健康政治生態很重要的一個環節。十八大以來，黨中央對腐敗現象，不論是現在的還是過去的，都疾惡如仇零容忍。這不僅打掉了一些腐敗幹部的僥倖心理，打掉一些腐敗幹部的不以為然，更打出了廣大黨員幹部對良好從政環境的期待與信心，為涵養一個健康的政治生態清除了障礙。

三、築牢思想上拒腐防變的堤壩

從嚴治黨不僅要「治行」更要「治心」。治行靠制度，治心靠教

育。尤其中央國家機關工作宏觀性強、政策性強、影響面廣的特點更使得教育在機關黨的建設、特別是黨風廉政建設中具有根本性意義。楊晶同志在會議上要求加強反腐倡廉教育和廉政文化建設，有的放矢，切中肯綮。反腐倡廉教育可以多層面多維度展開，但有三個方面需要重點突出：

1. 宗旨信仰教育。黨的宗旨信仰是反腐倡廉的主心骨，喝了「信仰」這碗酒，萬千考驗誘惑只等閒。習近平總書記近來反覆強調，理想信念就是共產黨人精神上的「鈣」，沒有理想信念，理想信念不堅定，精神上就會「缺鈣」，就會得「軟骨病」。因此，反腐倡廉教育首先就要用理想信念和宗旨教育來打底築基。

   通過對馬克思列寧主義、毛澤東思想特別是馬克思主義中國化的最新成果中國特色社會主義理論體系的學習，讓共產黨員和幹部學會運用馬克思主義立場、觀點、方法觀察和解決問題，確立起堅定正確的理想信念，確立起全心全意為人民服務的宗旨意識，就有了不竭的精神動力，就能自覺抵制信仰迷茫、精神迷失導致自甘墮落、貪污腐化等問題，就能夠始終對人民充滿感情、對事業充滿責任，滿腔熱情地為黨和人民的事業而不懈奮鬥。

2. 國法黨紀教育。進行國家法律法規和黨紀政紀教育是反腐倡廉教育的一項經常性工作。從近年查辦的案件看，法律知識貧乏、法律意識淡漠是導致部分黨員領導幹部腐敗的重要原因。通過法律法規教育，樹立法律面前人人平等、制度面前沒有特權、制度約束沒有例外的意識，使黨員幹部真正守法用法是很必要、也很緊迫的。

   對於政黨來說，國法之外還有黨紀，而且黨紀比國法的要求還要更嚴格。紀律是政黨的戰鬥力所在，紀律廢弛腐敗自然叢

生。黨紀教育就是要求黨員嚴格遵守和維護黨章這個黨的根本大法，自覺用黨章規範言行，自覺按照黨的組織原則和黨內政治生活準則辦事，決不允許搞「上有政策、下有對策」，決不允許有令不行、有禁不止。

3. 作風道德教育。作風是行為的表現，道德是行為的規範。在現實生活中很多領導幹部的腐敗問題往往是從不良的作風和道德失範中滋長起來的。要對腐敗免疫，良好的作風、高尚的品德須臾不能離、那不能虧。因此，優良作風教育、誠信教育、從政道德教育，以及道德領域突出問題專項教育等等，也是反腐倡廉教育很重要的內容。

我們要以作風道德教育為抓手，教育引導黨員幹部常修為政之德、常思貪欲之害、常懷律己之心，錘鍊「心不動於微利之誘，目不眩於五色之惑」的政治定力，杜絕權力、金錢和美色的誘惑，以廉潔從政、自律做人昇華「事到知足心常愜，人到無求品自高」的境界，增強自我淨化、自我完善、自我革新、自我提高能力，當好人民的公僕。

中國有句古話：「破山中賊易，破心中賊難。」但是只要破了心中賊，山中賊自然也就沒有了。反腐倡廉教育說到底，做的就是「破心中賊」的工夫。機關黨的建設在這方面大有文章可做，需要的是久久為功，持之以恆，一以貫之。

第三節　全面從嚴治黨新意蘊

　　習近平總書記在中央紀委六次全會講話中指出：「全面從嚴治黨，核心是加強黨的領導，基礎在全面，關鍵在嚴，要害在治。」這一論述是對十八大以來全面從嚴治黨成功實踐的自信總結，是對中國共產黨執政與建設規律的自覺遵循，不僅深化了對全面從嚴治黨的新認識，也對全面從嚴治黨提出了新要求。

一、核心是加強黨的領導

　　全面從嚴治黨是中國共產黨自我淨化、自我完善、自我革新、自我提高的重要戰略舉措，不是對中國共產黨的消解、破壞與否定，是為了更好地堅持黨的領導不是放棄黨的領導。強調「核心是加強黨的領導」包含了兩重意蘊：一是推進全面從嚴治黨必須加強黨的領導，離開黨的領導不可能做好全面從嚴治黨；二是推進全面從嚴治黨不是為嚴而嚴，為治而治，說到底是為了更好地加強黨的領導，提高黨的領導能力和執政水準。

　　全面從嚴治黨的主體只能是中國共產黨，不是也不能是別的什麼群體、組織、個人。中國共產黨的各級黨組織在全面從嚴治黨的過程中不僅須與不能弱化其主體責任，反而要通過更積極的作為、更有力的擔當來強化黨的領導。只有堅強有力的黨的領導，才能保證全面從嚴治黨方向正確、方法正確，才能保證全面從嚴治黨實現既定目標、取得預期成效。

　　在全面從嚴治黨的過程中加強黨的領導最根本的就是堅持黨中央集

中統一領導。不能有令不行、有禁不止，不能陽奉陰違、妄議中央，不能拉幫結派、團團夥夥。各自為政、自行其是不僅不可能推進全面從嚴治黨的戰略，還會誤導全面從嚴治黨甚至導致政黨渙散的危險。要通過增強政治意識、大局意識、核心意識、看齊意識，自覺在思想上政治上行動上同以習近平同志為核心的黨中央保持高度一致，著力維護黨的團結統一，著力維護中央權威，著力維護黨的領導核心地位，著力維護黨的核心。

在全面從嚴治黨的過程中加強黨的領導還體現為要尊崇《黨章》。《黨章》是黨的根本大法，集中體現了黨的性質和宗旨、黨的理論和路線方針政策、黨的重要主張，規定了黨的重要制度和體制機制，是全黨必須遵循的總規矩。在某種意義上講，黨的領導就是《黨章》在領導。離開了《黨章》，建黨治黨就沒有了依據甚至還會偏離方向。

二、基礎在全面

全面從嚴治黨是把管黨治黨作為一項系統工程來抓，從內容到物件、從標到本、從小到大、從過去到現在再到未來，方方面面都不能缺位，單兵突進、顧此失彼，會按下葫蘆起了瓢，所以「基礎在全面」。

「全面」體現在內容上，不僅要治標轉作風，還要治本反腐敗，不僅要用制度「治行為」，更要用信仰塑靈魂。如果不堅決糾正不良風氣，任其發展下去，就會像一座無形的牆把我們黨和人民群眾隔開，我們黨就會失去根基、失去血脈、失去力量。如果不雷霆萬鈞反腐敗，除病灶，清毒瘤，政黨就會正不壓邪。如何才能把轉作風反腐敗的成果保持下去，讓暫時變成長期，讓權宜成為常態，這就要靠制度，用制度治黨。靠制度管行為毫無疑問是管用的，但僅僅管住行為還是不夠的，從嚴治黨不僅要「治行」更要「治心」。所以，習近平總書記講黨性教育

是共產黨人的「心學」，對馬克思主義的信仰，對社會主義和共產主義的信念，是共產黨人的政治靈魂，要「永不動搖信仰」。

「全面」體現在物件上，就是把政黨作為一個整體來考量，全方位、全覆蓋。既著眼於八千九百萬政黨成員中的每一個，又著眼於四百四十萬各級黨的組織中的每一層；既抓住領導幹部這一「關鍵少數」，又拓展向基層普通黨員；既堅決清除存量，又著力遏制增量。在全面從嚴治黨面前，沒有什麼「特殊黨員」，也沒有什麼不受監督、不但責任的組織。習近平總書記反復強調：「任何人違反了黨紀國法，都要依法懲治，絕不能手軟」，「不管級別多高，誰觸犯法律都要問責，都要處理，我看天塌不下來」，「不能看人看地方下『菜碟』，對於領導同志工作過的地方，不能投鼠忌器，要全部掃描」等等，講的正是這樣的意思。

三、關鍵在嚴

應當承認過去在管黨治黨方面失之於寬、失之於鬆、失之於軟的現象客觀存在，給政黨的形象和戰鬥力造成極大的傷害。治黨不嚴不如不治，雷聲大雨點小會讓不良現象變本加厲，牛欄關貓會讓腐敗分子心存僥倖，高高舉起輕輕放下會讓違紀之徒不以為然，更重要的是會讓政黨的權威喪失，法紀的嚴肅不再。「關鍵在嚴」，這「嚴」是態度嚴肅、法紀嚴明、要求嚴格。

「嚴」要從細節做起。十八大以來黨中央做的第一件事情就是制定八項規定。習近平總書記特別強調，既然做規定，就要朝嚴一點的標準去努力，就要來真格的。規定就是規定，不加「試行」兩字，就是要表明一個堅決的態度，表明這個規定是剛性的。到後來抓粽子、抓月餅、抓賀卡，甚至拿兩個蘋果都要誡勉談話，更是通過小題大作，告誡黨員

幹部小節都不可以放過，大是大非就更是眼裡揉不得沙子。

「嚴」貴在一視同仁、一以貫之，打虎無禁區是嚴，拍蠅無死角也是嚴。儘管反腐敗已經取得明顯的成效，壓倒性態勢逐漸形成，中國共產黨面對腐敗零容忍的態度不變、猛藥去疴的決心不減、刮骨療毒的勇氣不泄、嚴厲懲處的尺度不鬆。今年以來在突出監督執紀「四種形態」的大背景下，老虎被查的頻率反倒有更密的態勢，也充分說明「嚴」不是一陣風，「嚴」永遠在路上。

當然，更根本的還是制度建設的嚴密和紀律執行的嚴格。全面從嚴治黨把紀律和規矩挺在前面，首先要有嚴密的制度，我們制定、修訂和完善了一系列的黨紀法規，廢除「稻草人」制度，讓紀律成為高壓線，把籠子紮得更緊並通上電等等，都是著眼於讓制度更嚴密、更管用。其次要嚴格執行制定好的規矩，紀律是鐵、紀律是鋼，紀律不能「商量著來」，紀律沒有「情有可原」，紀律不搞「下不為例」，紀律更不會「法不責眾」。

四、要害在治

中國共產黨作為一個有著八千七百多萬成員的政黨，黨內存在這樣那樣的問題是一件很自然的事情，尤其在長期、複雜、嚴峻的執政考驗、改革開放考驗、市場經濟考驗、外部環境考驗下，精神懈怠危險、能力不足危險、脫離群眾危險、消極腐敗危險已經尖銳地擺在全黨面前。如果中國共產黨不能解決存在的問題，任其發展下去，人民就不會信任和支持，所以治黨不能也不是表揚與自我表揚，而是激濁揚清、是刮骨療毒、是倡優汰劣，是自己給自己治病。

治病首先要治已病，既不要諱疾忌醫，更不要被病情嚇倒。曾經有人對反腐敗沒有信心甚至不敢去反腐敗。其實對於中國共產黨來說，腐

敗現象猶如「明珠蒙塵」，而不是「基因之癌」。腐敗的只是黨員領導幹部個體而不是政黨本身，中國共產黨的黨員領導幹部也不會都腐敗。只要拂去塵埃，依然是晶瑩剔透、光彩奪目的寶珠。因此，反腐敗不僅不會亡黨，反而會讓黨更堅強、更純潔、更有凝聚力和感召力。反過來，如果放縱讓腐敗分子「綁架」了黨，不僅黨的形象會受拖累，黨的存亡也就真不好說了。

不過，病情再重也有治癒之日，存量再多也有消除乾淨之時，到時是不是就可以刀槍入庫馬放南山呢？不行也不會。治病最高境界是治未病，在病尚未發生之前就先做預防保健，讓病生不起來。全面從嚴治黨既要治標更要治本，通過填補制度漏洞，通過固本培元，為政黨培育良好的政治生態；通過「洗洗澡、出出汗，咬咬耳朵、扯扯袖子」，讓黨員幹部防微杜漸，懸崖勒馬，始終成為「好同志」。這種「治」更加重要，也更需要下大功夫。

第四節 「三嚴三實」的「三個講清楚」

在縣處級以上領導幹部中開展「三嚴三實」專題教育，這是黨的建設和政治生活中的一件大事。把「三嚴三實」專題教育的一些基本問題講清楚、說明白，對於搞好專題教育具有重要的意義。因為理論上的成熟是政治上堅實的基礎，認識到位了，開展專題教育的行動就會更加堅定、更加有力。我們主要聚焦「三個講清楚」：把教育定位講清楚，把理論內涵講清楚，把實踐要求講清楚。

一、把教育定位講清楚

坦率地講，在中央做出部署之後，有一些黨員幹部，雖然沒有公開講，但是私下裡也在想：「我們的群眾路線教育實踐活動剛剛結束，為什麼又要開展『三嚴三實』專題教育呢？」對開展專題教育一時沒有想通。這反映出對於這次專題教育的基本定位沒有真正的把握。那什麼是這次「三嚴三實」專題教育的基本定位呢？有三個方面，需要同志們認真把握。

（一）群眾路線教育實踐活動的延展深化

「三嚴三實」的專題教育是對群眾路線教育實踐活動的延展和深化。過去一年多來群眾路線教育實踐活動取得了很大的成效，最為明顯的是在反對「四風」、轉變作風方面成效巨大。文山會海的形式主義得到了有效的遏制，趾高氣揚、意氣用事的官僚主義也得到了很好的化

解。至於說對享樂主義、奢靡之風的管理成效更是能看得見的。大家都開玩笑說，群眾路線教育實踐活動期間和之後，我們已經基本上不到外面去吃飯了，甚至連「基本」這個詞都不用了，我們根本就不到外面去吃飯了，一下班就回家。調侃歸調侃，但是這個調侃背後，確實說明了通過一年多的群眾路線教育實踐活動，我們在反對「四風」、轉變作風方面成效是很大的。對於這一點，我們給多高的評價都不為過。如何把這種好的態勢保持下去，就需要在群眾路線教育實踐活動的基礎之上繼續往前走。這次的「三嚴三實」專題教育就是對群眾路線教育實踐活動的接著做、接著走、接著幹。

如何接著走、接著說、接著幹呢？在群眾路線教育實踐活動中間以「破」為主，我們首先要反對「四風」，反對不良作風，不把這些不良的作風給破除掉、消滅掉，不可能有一個好的作風，不可能有一種好的精神狀態，也不可能有一種好的作為。所以「破」字當頭，力度很大。要想解決問題，「破」是前提，「破」是必要，但是「破」完之後也應該「立」。破除掉不良作風，然後立出好的規矩、立出好的標杆，立出好的要求。

「三嚴三實」其實就是從正面告訴黨員幹部，在破除了不良作風之後，我們應該有好的狀態、好的作為。好的要求是什麼？就是「三嚴三實」。所以我們說，教育定位的第一個方面是對群眾路線教育實踐活動的延展，在破的基礎之上立，徹底根除不良作風。

（二）全面從嚴治黨的重要戰略抓手

十八大以來，中國共產黨在從嚴治黨方面做了一系列重大部署，取得了一系列的重要成果。去年年底以來，又在從嚴治黨前面加了全面兩個字，全面從嚴治黨成為當代中國戰略新布局裡面很重要的內容之一。全面從嚴治黨就是要把我們這個黨管住、管好。全面從嚴治黨當然應該

為我們黨立規矩，當然應該搞制度建設，當然應該搞體制機制改革。

但是從嚴治黨還有很重要的一個方面，甚至我們把它稱之為最核心的方面——治黨先治人。中國共產黨的成員是中國共產黨的主體。如果我們不把政黨成員給管住，不讓政黨成員成為先進優秀的成員，那從嚴治黨也就沒有了基礎。這次「三嚴三實」的專題教育，就是緊緊抓住黨員幹部這個主體來進行從嚴治黨，這是很重要的抓手，很重要的舉措。

在十八屆四中全會上，習近平總書記特別強調，要想真正做到全面依法治國，必須抓住「關鍵少數」。「關鍵少數」是什麼？就是我們的黨員領導幹部。全面從嚴治黨，我們同樣也要抓住「關鍵少數」。這個「關鍵少數」是什麼？就是我們縣處以上的黨員領導幹部。如果我們真正能讓縣處以上的黨員領導幹部成為先進優秀的共產黨人，那就能帶動八千九百多萬黨員。

當黨員領導幹部真正做到先進優秀的時候，普通黨員、普通幹部自然也就會見賢思齊，就會上行下效。所以說，「三嚴三實」專題教育又是全面從嚴治黨重要的戰略抓手。我們緊緊抓住黨員領導幹部這個關鍵少數，給縣處以上黨員領導幹部確立政治標杆、思想標杆、行為標杆，這個標杆就是「三嚴三實」。

（三）黨的思想建設常態化的有益探索

「三嚴三實」專題教育是中國共產黨思想建設常態化的一個有益探索，或者說是一個良好的開端。思想建設是中國共產黨建設裡很重要的一環。搞好黨的思想建設離不開各種形式的教育活動，但在進行各類有效的活動同時，一定要研究把教育變成常態化的形式。

這次「三嚴三實」的專題教育就是在探索這麼一條路，或者是開這麼一個好頭，把專題教育跟我們黨的思想建設有機結合起來，與我們黨日常的各項活動、各項工作、各項任務緊密結合。這就是為什麼這次中

央明確強調「三嚴三實」專題教育不是一場活動。沒有開始期,當然也就沒有結束期;不劃階段,也就沒有間歇期。我們要把「三嚴三實」專題教育跟我們黨的日常建設結合起來,跟我們黨的組織生活中的「三會一課」有機結合起來。

需要我們特別注意的是,儘管這次專題教育不是一場活動,但是我們要以做活動的標準、要求做好專題教育。雖然不是活動,但要有活動的勁頭,要有活動的要求,要有活動的規矩。不能因為它的常態化,就在黨的日常工作、生活中間把它淹沒掉了。必須在相當長的一段時間內,把「三嚴三實」作為黨工作、建設各個層面的一條主線給凸出出來,而且要通過每一個黨員幹部的行為,讓「三嚴三實」的教育真正也做到像群眾路線教育實踐活動那樣,不偏、不空、不虛。當把這一系列東西做到的時候,我們就會發現這一次中央對「三嚴三實」專題教育其實是高度重視的,也給予了厚望,但同時也意味著對黨員幹部提出了更高的要求,要以一種新的思維方式、新的行為模式、一種更高的政治覺悟對待這次專題教育。然後通過這次專題教育讓我們整個黨員領導幹部從思想到行為上有一個大的根本性的改善和提高。

概括起來,「三嚴三實」專題教育的定位就是三句話:群眾路線教育實踐活動的延展深化;全面從嚴治黨戰略的重要戰略抓手;中國共產黨思想建設常態化的有益嘗試或者是良好開端。

二、把理論內涵講清楚

「三嚴三實」六句話都是簡明扼要的大白話。但是簡單背後內涵豐富,通俗背後道理深刻。其精神實質概括起來其實就是兩句話,嚴是主基調,實是著力處。

在「三嚴三實」專題教育過程中間,我們要始終把嚴作為整個教育

的主基調，嚴格、嚴肅、嚴密。同時我們這種嚴不是為嚴而嚴，而是始終著眼於「實」，著眼於中國共產黨的使命，著眼於當代中國社會發展的客觀要求，著眼於人民群眾的期待。嚴是為了解決問題，嚴是為了能實。

（一）嚴以修身

修身就是修心，立身就是立德。修身不是體魄的一種強健，而是對內心道德的要求，是對道德修養、品德修養的一種提升。所以，修身先修心，立身先立德。德分大德小德。

有道是，好人不必然是好官，好官必須是好人。這講的就是小德，像仁愛友善、誠信務實，品行高潔、光明磊落、襟懷坦蕩；富貴不能淫，貧賤不能移，威武不能屈，等等，這些普通人都應該追求的道德領導幹部一定要先做到，但是對於我們黨員幹部來講，這還只是基本的道德要求，其實黨員幹部的德裡面還有一個大德。

大德就是中國共產黨黨員領導幹部的信仰。中國共產黨人跟普通社會民眾有什麼差別？最大的差別就是我們有著堅定的馬克思主義信仰，有著堅定的共產主義信仰，我們有著全心全意為人民服務的宗旨。這是我們中國共產黨的政治品格，這也就是習近平總書記所說的中國共產黨的「鈣」。如果我們沒有了這些「鈣」，我們就會得軟骨病。這是我們中國共產黨的政治靈魂，沒有了這一切，我們就會失魂落魄，就會成為行屍走肉。

十八大以來，習近平總書記反復強調要永遠不丟信仰，因為我們現在面臨著很大的挑戰，一些黨員幹部口是心非、言不由衷，說的話自己心裡面根本不相信。這已經很不應該了，但這種現象可能還算是好的。現在一些黨員幹部連嘴上都不願意說我們的信仰，美其名曰，時代不同了，世界變化了，要與時俱進。不相信我們共產黨的信仰，沒有了馬克

思主義，沒有了共產主義，那他信什麼？不信馬列，信鬼神，前段時間查處的榖俊山等領導幹部，大都求神拜佛，不信馬列回去尋找鬼神了。所以，在這種背景下，嚴以修身的重點就是明確地對黨員領導幹部的信仰提出要求。

嚴以修身解決的是中國共產黨的內在道德要求，這個道德要求最根本的是我們的政黨信仰，在這點上，我們來不得半點含糊，來不得半點模糊。

（二）嚴以用權

對於黨員領導幹部來講，最大的特點是手中握有權力。問題是這個權力究竟該怎麼去運用？這個問題在我們相當多的黨員領導幹部身上並沒有解決得很好。

有權堅決不能任性，因為我們的權力是來自於人民群眾，所以嚴以用權至少在兩個層面不能忘。

第一個層面，嚴以用權要明確這個權力是為誰而用。來自人民的權力，當然要為人民而用。現在一些黨員幹部，也不是說不用權力，而是把這個權力給少數人，為少數人服務，甚至給一些人當看家護院的打手。這樣一種權力的運用，從本質上就走到了人民群眾的對面去了。人民讓我們掌握權力是要讓我們代表他們最根本的利益，代表最廣大人民群眾的利益，不是說讓我們拿著權力跟一小部分人勾勾搭搭，蠅營狗苟。

第二個層面，我們權力要按照法律的規定，按照制度的要求，規範用權、秉公用權。權力，顧名思義要去權衡，去進行利益的調整。該這樣還是該那樣，需要我們做出一個權衡。但是這個權衡不是以我們黨員幹部的一廂情願來考慮，權力的運行必須得有規矩，依法用權。法律賦予我們權力，我們就要在法律規定的範圍之內運用。所以習近平總書記

講，我們要把權力裝到制度的籠子裡面，就是要給權力以邊界。

但是僅僅做到這兩條，還是不夠的。嚴以用權固然是絕對不能亂用權，但是同時我們也一定要強調，我們絕對不能不用權。如果說，人民群眾給了黨員領導幹部權力，可黨員領導幹部卻什麼都不幹，尸位素餐。那請問人民群眾為什麼還要用這些黨員領導幹部？所以當我們手中握有權力的時候，這個權力背後其實是有成本的，我們消耗了社會的成本，消耗了人民群眾的成本，那我們就必須得為人民群眾服務，這也是習近平總書記強調的，我們領導幹部要擔當。如果我們不擔當，那這也是一種不當用權的表現方式。不用權本身就是一種不嚴以用權的表現方式。所以嚴以用權在今天這種政治背景下，還應該再加上一條，就是要勇於擔當，規範用權。當我們把這些做好的時候，領導幹部的權力就會真正變成為人民服務的利器，而不是為一些人謀取好處、獲取暴利的保護傘。

嚴以修身管住了我們的心，嚴以用權管住了我們的權力，嚴於律己要管住我們黨員領導幹部的行為。

（三）嚴於律己

這些年來，黨員幹部的行為方面客觀上存在這樣那樣一些不守規矩、沒有約束、自以為是、甚至走向腐敗墮落的現象。出現這種現象就是對自身要求不嚴，我們有法律、有制度，但是很多時候，我們一些黨員幹部只是用這些法律、制度、紀律管別人，而不管自己。

如果我們作為遵守制度的主體，對制度沒有一種敬畏感、尊重感，那不管制度多嚴密，總會有人找制度的空子，總會打擦邊球。如何杜絕這種現象？嚴於律己，讓黨員幹部對紀律、規矩、要求有一種神聖感，意識到法律的嚴肅感，意識到法律的威力。所以，嚴於律己對於黨員領導幹部來講有兩條，我們要做到「大節不失、小節不鬆」。

對於黨員領導幹部來講，大節就是政治紀律、政治規矩、政治立場堅決不能喪失。中國共產黨不是政治俱樂部，政治組織是有機體，政黨成員就是要做黨的一塊磚、一顆螺絲釘。絕對不能有令不行、有禁不止，不能團團夥夥搞山頭、搞獨立王國。

但要想真正守住大節，小節也不能忽略。如果小節守不好，那大節也不可能真正的守得住。小節就是黨員幹部日常的行為模式和規範，就是能不能做到不壞規矩、不越雷池、不犯錯誤。現代社會越來越複雜，黨員領導幹部面臨的執政環境也是異常複雜的。在這麼複雜的社會中，如果黨員領導幹部把持不住，不能守住自身的行為，就有可能在不知不覺中落到了萬劫不復的深淵。

嚴於律己、嚴以修身、嚴以用權解決了黨員領導幹部從心到手中的權力，再到行為的問題。當我們管住了我們的心，管住了我們手中的權力，管住了我們的行為的時候，當我們真正按照「三嚴」的要求做到的時候，那黨員領導幹部就真正是一個能為人民群眾所信任、所靠得住的秉公用權、光明正大、堂堂正正的共產黨人，這就是我們說的「三嚴」。

（四）謀事要實

實是著力處，現在有很多同志講「三實」內容好像有點交叉，其實不然。「三實」講了中國共產黨黨員幹部在改造客觀世界，在做事情的時候，在擔當使命過程中的三個層面的要求。雖然講的都是「實」，但每個實的側重點是不一樣的。

謀事要實，這個「實」是要立足「實際」，就是黨員領導幹部在做決策，在研究戰略的時候，一定不能離開中國社會發展的實際。

實在什麼地方？緊緊咬住中國社會發展的客觀實際，當我們還處在社會主義初級階段的時候，當我們還有相當多的人民群眾還沒有真正全

面小康的時候，我們就不能輕易去搞什麼世界第一，去搞什麼高水準、高規格。保證最大多數人民群眾生活水準的改善，這才是我們一切政策的基本出發點。

我們在制定政策、在做方案的時候，不能好大喜功、不能閉門造車、不能一廂情願。當我們把這個方案給實事求是地做出來了，那緊接下來我們就要幹事情。

（五）創業要實

創業要實是要注重「實效」。幹事情要看效果，不能喊口號。所以黨員幹部在做事情的時候，一定要考慮所幹的這個事情是不是真正有效益的。是真的政績，而不是水貨，不是好看的數位報表，不是形象工程。

真實的政績是中國社會實實在在積累下來的物質成果，是人民群眾生活水準實實在在的改善。我們所幹的每件事情都要扎扎實實，讓中國社會的物質基礎不斷地增加，讓人民群眾的生活水準不斷地改善，而不是其他別的。

所以，創業要實，一定要讓領導幹部幹真實的政績、持續的政績、能經得住歷史考驗的政績。人民群眾今天得到的比昨天多，明天得到的比今天還會多，那他就有了獲得感。當我們把這一切做到的時候，我們這個創業要實才真正落到了實處。

（六）做人要實

做人要實講的是黨員領導幹部在社會關係交往中的一個基本要求，「實誠」。黨員領導幹部在與人交往，與社會交往，與組織交往的時候，要做到實誠。作為政黨成員，要對政黨忠誠，有一說一，不做「兩面人」；作為人民的公僕，要對人民忠誠，真心實意為人民服務，心甘

情願為人民奉獻；作為一個普通的社會公民，要對自己的良心忠誠。

對於今天的共產黨員幹部來講，做人要實，說到底就是能不能做到一種真誠的感情，把這樣一種感情熔化在對黨、對群眾、對自己同事、戰友身上。當做到這一切的時候，相信我們的黨員幹部就既能為人民幹事情，又是能為人民群眾所信賴。

當我們把這一切做到的時候，「三嚴三實」就會塑造出一個真正當之無愧的共產黨幹部。

三、把實踐要求講清楚

「三嚴三實」專題教育最終還要落實到黨員幹部的實踐中，體現在同志們的行動上。那麼，我們的黨員幹部在身體力行的過程中，應該處理好哪些關係呢？

（一）處理好變與不變的關係

「三嚴三實」體現了中國共產黨對於黨員領導幹部一以貫之的要求，這是精神，這是靈魂。這是不可能變，也不會變的。但是，「三嚴三實」的專題教育還是有變化的。靈魂沒變、宗旨沒變、主題沒變，可是針對性、切入點變了。

「三嚴三實」教育，反覆強調要突出問題意識，是針對黨員領導幹部中間存在著一些與黨的要求不相適應，與中國社會發展要求不相適應、與實現中華民族偉大復興不相適應的一些問題。我們要把這些問題找出來，改正掉。比如，通過「三嚴三實」專題教育，在營造良好政治生態方面取得明顯的成效，就是最為突出的一點。

這些年來，我們黨的建設在取得很大成就的同時，也不得不承認，在局部領域、在一些部門，政治生態已經開始退化，甚至惡化了。有一

些地方發生了塌方式的腐敗，塌方式的腐敗背後是什麼？是政治生態的惡化。習近平總書記特別強調，我們要營造良好的從政環境，同時要培養良好的政治生態。把環境和生態分開講是因為生態比環境更重要。如果一個地方環境惡劣了，但是惡劣的環境中間還可能有好東西出現，比如蓮花出淤泥而不染。但是如果一個地方的生態壞了，那這種惡劣的生態只能生出惡之花來。

我們要通過「三嚴三實」的專題教育營造一種良好的政治生態。良好的政治生態靠每個黨員領導幹部真正做到「三嚴三實」。所以在一以貫之地按照中國共產黨的要求對黨員幹部進行教育的同時是有重點的。重點是突出問題意識，有針對性的解決當前應該解決的問題。比如說，用每一個黨員幹部自身的努力，營造一種良好的生態環境，打下堅實的主體基礎。

（二）處理好知和行的關係

搞思想教育是為了讓大家知道，但只是知道了是不夠的，知而不行等於不知，所以儘管說思想教育很重要，但是最終落腳點還要落到讓同志們通過學習之後，變成行動去做，做得更好。在「三嚴三實」的專題教育過程中，要把教育轉化為黨員幹部的行為，轉化成我們推進改革開放、推進「四個全面」戰略實施的有力行動。

不過由於「三嚴三實」是以專題教育、以思想教育為切入點的，所以更想強調在知與行之間「知」的重要性。

在「三嚴三實」專題教育過程中間，黨員領導幹部一定要原原本本，深入、完整、準確把握中央關於「三嚴三實」的基本要求。要想把握住這些，不僅僅要把「三嚴三實」的科學內涵完整準確地把握住，還要認認真真地把中國共產黨的基本理論，包括中國特色社會主義理論、習近平新時代中國特色社會主義思想、「四個全面」的重大戰略布局等

一系列理論連繫起來深入系統地學習。只有在連繫的過程中，才能真正把「三嚴三實」的深刻內涵給把握得更加精準，把握得更加深刻。

這些年來的教育實踐表明，當真正明白一些深層理論問題、邏輯問題，其他的問題就迎刃而解了。對黨員幹部進行理論教育的時候，固然要把我們的一些基本要求講清楚，但是也要把這些要求背後的理論問題講清楚。比如說，現在經常有一些黨員幹部在講，中國共產黨經過這麼多年的發展，中國共產黨有利益是理所當然的。這樣的觀點在很多黨員幹部中間很有市場，但是我們一定要告訴大家，《中國共產黨章程》裡面明確寫道，中國共產黨沒有自己特殊的利益，有的只是最廣大人民群眾的利益。這不是空話，這是基於中國共產黨本質所做的決定。如果一個馬克思主義的政黨，而且還是中國憲法所規定的唯一執政黨，有了自己的利益，有什麼資格代表最廣大人民群眾的利益？

可能有些同志說，這不對。中國共產黨執政本身就是一個利益，凡是這樣說的人，其實從心裡面已經把執政給想偏了。他把執政當成了一種權力，他把執政當成了一種利益。但是事實上，對於中國共產黨來講，執政不是權力，執政也不是利益，執政是一種責任，帶領中國人民走向中華民族的偉大復興，這是中國共產黨責無旁貸、義不容辭的責任，是我們肩上沉甸甸的擔子。執政不是為所欲為、借機謀取私利的工具和手段。如果我們真去謀名去謀利益的時候，那就相當於從根本上否定了中國共產黨。

所以，這些問題是「三嚴三實」要深層把握的理論問題，當把這些問題搞清楚，我們就會明白，為什麼我們必須嚴於律己、嚴以修身、嚴以用權了。也就明白了為什麼謀事要實、創業要實、做人要實。所以，知和行固然落腳點要落在行上，但是知，尤其知根本、知基礎、知邏輯，對於我們更好地行，意義是至關重要的。

（三）處理好自律和他律的關係

專題教育針對的是思想問題，主體是黨員幹部，因而自律是根本、自律是前提。如果黨員幹部沒有積極性、主動性，不去真投入、不去真涵養，再好的教育也會成為過耳風。尤其化「知道」為「自覺」，需要的是不間斷的磨鍊。否則就會講得好好的、想得好好的，做的時候卻完全不是那麼一回事。

但同時，沒有規矩不成方圓，如果沒有猛藥去屙，不給那些「不嚴不實」的行為、風氣套上韁繩，不讓那些「不嚴不實」的行為、風氣付出代價，也不可能有真實持久的風清氣正。因此，建制度、立規矩，強化剛性執行同樣是專題教育必須予以高度重視的基本保障。

講了這麼多，歸結起來就是一句話，偉大的事業需要偉大的作為，偉大的作為有待於偉大的政黨與先進優秀的政黨成員。「三嚴三實」專題教育就是鍛造偉大政黨與優秀政黨成員的烈焰熔爐。我們相信，只要真抓實幹，只要導向明確、只要持之以恆，就一定可以真正培養和造就出當之無愧的、先進優秀的黨員幹部，進而為協同推進「四個全面」戰略布局，為實現中華民族的偉大復興，奠定了堅實的思想理論基礎和組織隊伍建設基礎。

自我革命篇

第十二章　敢於鬥爭

第一節　今日中國反腐敗的「三個自信」

在今日中國社會，公開站出來反對反腐敗的人應該說幾乎沒有或者說也不敢有，但是通過各種各樣的方式，或擔憂，或困惑，或不理解，或不看好而發出的聲音與論調卻始終伴隨著反腐敗的全過程。固然這些聲音的主觀願望也許是希望反腐敗更完善，但客觀上卻會消解弱化反腐敗的決心與信心，會影響社會的情緒與期待。其實對於今日中國社會的反腐敗來說，重要的是擊鼓而不是鳴金，可貴的是添磚加瓦而不是吹毛求疵，需要的是義無反顧而不是瞻前顧後。更何況今日中國社會的反腐敗雖非盡善盡美，所取得的進展、所展現的可能、所昭示的意義，已足以讓我們有理由自信和有資格自信。

一、對反腐敗能取得的成果要有足夠自信

也許中國社會腐敗欠帳積累多了一些，也許腐敗分子在一定時間段、一定場合已經登堂入室反客為主，以至於以習近平同志為核心的黨中央提出反腐敗要求後，一些人還以為，也就是說說而已，說完了也就反完了；時任中紀委書記的王岐山同志提出從治標抓起，治標為治本贏得時間的反腐敗思路，結果又被一些人曲解為是揚湯止沸的花拳繡腿。總而言之，對反腐敗的成功不抱希望，對反腐敗的成果不敢期待。

但是經過一段時間，事情在不斷發生變化：

——先是八項規定轉變作風，從黨員幹部的大吃大喝、鋪張浪費抓起，結果不到半年時間，公款大吃大喝在官場就成為禁忌，公款送禮成

了過街老鼠，以至於一個曾經風光無限的餐飲業上市公司打算轉行搞大資料，一些大商場紅紅火火的購物卡業務幾陷停頓。

——再是蒼蠅老虎一塊打，反腐敗不定指標，沒有限額，毫不留情，絕不手軟。十八大以來省部級以上的「老虎」就抓出六十餘名，大大小小的「蒼蠅」更是成千上萬，而且捕蠅打虎的速度與頻率還在不斷加速中。腐敗官員被抓已不再是運氣不好的小概率事件，而成為具有鐵的必然性的歷史宿命。

這一系列的事件在昔日或許都是不可能發生的事情，可是在今日中國不僅發生了而且發生得理直氣壯、發生得氣定神閑，傳說中所謂「不可收拾的局面」並沒有出現。

是黨中央僥倖取勝嗎？非也。是邪不壓正，正道大勢浩浩蕩蕩勢不可擋的歷史必然。

我們承認，這些年來一些腐敗分子已然勾連成勢結成盟友，甚至在一些領域已能呼風喚雨。但是在中國共產黨領導下的社會主義國家大環境中，他們的思想、行為、策略、組織等等，不管哪個層面都是見不得光的，都是不敢擺到檯面上來的。他們可能會自我安慰說吃吃喝喝是人之常情，但肯定不會好意思說常情就是正當；他們可能會自我辯護說以權謀私是人之本性，但絕對不敢講本性就是應該；他們也許想過困獸猶鬥暗地裡搞鬼，但絕不敢走到陽光下公開對壘。

所以這樣的群體儘管可能會體現為小圈子、小團體，但在八千九百多萬共產黨人面前、在十三億多中國人面前，說到底也就是「一小撮」。只要我們高揚起中國共產黨人信仰的旗幟，高揚起中華民族偉大復興中國夢的旗幟，真正的共產黨人和廣大的人民群眾就會成為反腐敗的堅強後盾、強大力量；只要我們敢，我們就一定能，中國社會在反腐敗方面的成果絕不會僅僅到此就算止步。

二、對反腐敗帶來的正能量要有足夠自信

有些人不好公開說反腐敗不好，就玩抽象肯定具體否定的把戲。小而言之反腐敗會影響經濟的發展，會挫傷黨員幹部的積極性，大而言之甚至會失政亡黨。這樣的話語很能迷惑人、甚至還很能嚇唬人，但既不是事實的真相，更不是邏輯的必然。一年多來的實踐表明，反腐敗給中國社會帶來的是正能量而不是相反。

首先，反腐敗重塑了政黨形象而不是相反。為什麼中國社會會形成並認可唯一執政黨的模式？這是因為中國共產黨能做到其他任何政黨不願意去做也做不到的事情。中國共產黨是沒有自己特殊的利益、有的只是最廣大人民群眾的利益的政黨，是以全心全意為人民服務為根本宗旨的政黨，其政黨成員用帶有文學色彩的話講是「特殊材料製成的人」。這是中國社會一切制度有效運行的邏輯前提，也是中國共產黨的基本邏輯和本來面目。我們開展反腐敗就是要把這被遮蔽了的邏輯重新彰顯出來。因為對於中國共產黨來說，腐敗現象猶如「明珠蒙塵」，而不是「基因之癌」。腐敗的只是黨員領導幹部個體而不是政黨本身，中國共產黨的黨員領導幹部也不會都腐敗。只要拂去塵埃，依然是晶瑩剔透、光彩奪目的寶珠。因此，反腐敗不僅不會亡黨，反而會讓黨更堅強、更純潔、更有凝聚力和感召力。反過來，如果放縱讓腐敗分子「綁架」了黨，不僅黨的形象會受拖累，黨的存亡也就真不好說了。

其次，反腐敗保護了黨員幹部而不是相反。毋庸諱言，在現在的腐敗分子中有相當一些本來是黨的好幹部，也想有一個舞臺大展身手，但在一些腐敗已然成風的小環境中要不想出局就只能入夥，通過腐敗交納了投名狀的同時，也讓自己走上了不歸之路。十八大以來，通過反腐敗營造風清氣正的執政環境，讓真正想幹事能幹事的黨員幹部可以清白為官、廉潔從政，而不必去琢磨小圈子，顧忌潛規則。這樣的環境才是對

黨員幹部更真摯的關愛和更有效的保護。當所有黨員幹部都意識到政黨對腐敗現象的「零容忍」，意識到腐敗與廉潔如冰火同爐，如皂絲麻線；意識到利用職權多拿一針一線與搬走金山銀山，在法律量刑上有不同，但在判定腐敗與否上沒有差別時，一道與腐敗絕緣的思想防線就真正確立起來了。所以，儘管現在看起來被處理的黨員幹部數量似乎多了些，但相比起未來被保護的黨員幹部，不過就是九牛一毛。這成本我們必須要承擔，這成本我們也承擔得起。

再次，反腐敗讓經濟社會發展更健康而不是相反。經濟社會發展的資源永遠是稀缺的，健康的經濟社會發展就是能把稀缺的資源配置到真正促進經濟社會發展的領域。我們還舉前面的例子。當一個社會吃飯不再是吃飯而是吃場面，聚會不再是感情交流而是利益勾兌的時候，餐飲業自然是越高檔越賺錢，越賺錢越擴張。但這不是經濟的繁榮而是經濟的病態，這不是社會的進步而是社會的悲哀。現在反腐敗迫使它從餐飲轉型大資料，能否成功並不重要，至少對中國社會來說把錢用來提高社會資訊化水準要比用到大吃大喝上更加有意義，也更加有價值。類似這樣的資源配置轉型，在房地產市場、在公務用車、在賓館培訓機構等等方面皆已出現，這才是中國經濟社會健康發展的良好信號。

三、對反腐敗方法的科學性要有足夠自信

現在社會上還有些人，對於反腐敗取得的巨大成效不能視而不見，但又心有不甘。怎麼辦？換個路徑繼續他們一貫唱衰的論調：反腐敗取得成果不假，但方法不對。用人治的辦法反腐敗，用運動的方式反腐敗長久不了。一定要制度反腐，從根本制度上改起。

今日中國的反腐敗方法果真不科學嗎？果真沒有重視制度嗎？回答當然是否定的。

我們承認今日中國反腐敗有鮮明的領導人風格，但這正是中國反腐敗得以真正啟動並深入下去的法寶而不是負資產。有道是「徒法不能以自行」，再好的制度如果沒有權威的力行和威權的保障也是一紙空文。更何況在這充滿個性化色彩的背後我們有一系列制度體制的跟進。試想如果沒有紀檢體制的改革，讓紀檢部門相對超脫出來更加專門化地辦案；如果沒有巡視制度的進一步強化與完善，巡視組長一次一授權，發現不了腐敗要被追究責任，怎麼可能有如此之多的腐敗現象被發現並查處？如果沒有一系列以八項規定為代表的涵蓋幹部選用、政績考評、廉潔從政、作風建設等等各方面的準則、規章、條例、決定等等制度性建設，反腐敗又怎麼可能師出有名、有的放矢、切中肯綮？把領導同志身先士卒反腐敗稱之為人治，把雷霆萬鈞的系統性反腐敗行為稱之為是搞運動，說客氣點是幼稚，說不客氣點則是心中有鬼。我們從來不否認制度反腐的根本性意義，但不能指望突然從天上掉下一套完善的制度為我們所用。真正有效的制度一定是在長期的反腐敗實踐中漸進改進、內生性演化才會逐漸成熟定型，我們不能藉口制度尚未成熟完善就對腐敗現象熟視無睹，無所作為。

　　這就涉及反腐敗治標與治本的關係問題。王岐山同志所說的從治標抓起，治標為治本贏得時間的反腐敗策略，實在是對中國社會腐敗形勢深刻洞察後的清醒明智之策。姑且不說治本是一個從長計議的系統工程，需要從治標過程中發現問題總結經驗積蓄力量，就算真的某一天找到了靈丹妙藥，徹底堵住了腐敗的根源，不會再有新的腐敗發生了，既有的腐敗也不會主動退出歷史舞臺。「掃帚不到，灰塵照例不會自己跑掉」，通過治標，對既有腐敗進行清理是必須要做、也必然要做的事情。

　　更重要的是，什麼是反腐敗的本？曾有人說腐敗就是權力濫用、權錢交易，把權力取消了不就沒有了腐敗的前提。這對腐敗病理的診斷不

錯，但藥方開的實在荒謬。姑且不說權力不可能被取消，更重要的是權力也不能被取消。我們要把權力裝進制度的籠子，這是為了讓權力不亂作為，絕不是說讓權力不作為。尤其在發展中國特色社會主義的歷史階段，權力還是捍衛人民利益、實現奮鬥目標，駕馭資本、完善市場不可或缺、不可替代的力量。具體到反腐敗來說，高度統一、令行禁止的權力也是有效對抗被腐敗異化了的權力的不二法門。我們不能因噎廢食，更不能倒洗澡水把澡盆裡的小孩也一併倒掉。

第二節　對黨風廉政建設和反腐敗鬥爭規律的深刻把握和自覺運用

　　黨風廉政建設和反腐敗鬥爭需要理論指導，黨風廉政建設和反腐敗實踐也凝結出理論成果。所有這一切都充分地體現在剛剛出版的《習近平關於黨風廉政建設和反腐敗鬥爭論述摘編》一書中。《論述摘編》深刻闡釋了黨風廉政建設和反腐敗鬥爭的重大理論問題和實踐問題，為新形勢下深入推進黨風廉政建設和反腐敗鬥爭提供了思想武器和行動指南。特別是書中所體現出來的對黨風廉政建設和反腐敗鬥爭規律的深刻把握和自覺運用，尤其值得我們黨員幹部認真領會、自覺遵循、努力實踐。

一、旗幟鮮明的立場態度

　　做好黨風廉政建設和反腐敗鬥爭，旗幟鮮明的立場態度是前提。如果對黨要管黨、全面從嚴治黨沒有高度的認識，如果對反腐敗含糊曖昧、不以為然，就不可能有黨風廉政建設和反腐敗鬥爭的勝利。所以習近平總書記講：「我們黨把黨風廉政建設和反腐敗鬥爭提到關係黨和國家生死存亡的高度來認識。」這不僅是對古今中外歷史教訓的深刻總結，更是對中國共產黨政黨邏輯的認知。

　　對於中國共產黨來說，腐敗現象猶如「明珠蒙塵」，而不是「基因之癌」。腐敗的只是黨員領導幹部個體而不是政黨本身，中國共產黨的黨員領導幹部也不會都腐敗。只要拂去塵埃，依然是晶瑩剔透、光彩奪目的寶珠。反過來，如果放縱讓腐敗分子「綁架」了黨，不僅黨的形象

會受拖累，黨的存亡也就真不好說了。因此，習近平總書記指出：「不反腐敗確實要亡黨，真反腐敗不僅不會亡黨，而且能增強黨自我淨化、自我完善、自我革新、自我提高能力，保持黨同人民群眾的血肉連繫使我們的黨更加堅強、更有力量。」

鮮明的立場態度還表現在對「兩個責任」的強調上。習近平總書記指出：「各級黨委對職責範圍內的黨風廉政建設負有全面領導責任，黨委主要負責人是第一責任人。」這講的是黨委的主體責任；「既協助黨委加強黨風建設和組織協調反腐敗工作，又督促檢查相關部門落實懲治和預防腐敗工作任務，經常進行檢查監督、嚴肅查處腐敗問題。」這講的是紀委的監督責任。習近平總書記特別強調，對於那些領導不力、不抓不管而導致不正之風長期滋長蔓延，或者屢屢出現重大腐敗問題而不制止、不查處、不報告的，無論是黨委還是紀委，不管是誰，只要有責任，都要追究責任。

二、義無反顧的堅強意志

中國共產黨作為世界上最大的政黨，並且又是長期執政的政黨，腐敗風險客觀上也更大，加上前些年的反腐敗欠帳，使得今日中國社會反腐敗殊為不易，對執政黨來說挑戰甚至更為嚴峻。面對黨內的疑慮和社會的觀望，習近平總書記明確指出：「不是沒有掂量過。但我們認準了黨的宗旨使命，認準了人民的期待。」正是這樣的決心與意志，開啟了新時期中國共產黨反腐敗的大幕。

這種堅強的意志首先體現在堅持上，作風建設永遠在路上，反腐敗鬥爭不畢其功於一役。習近平總書記指出，反腐倡廉必須常抓不懈，拒腐防變必須警鐘長鳴，關鍵就在「常」「長」二字，一個是要經常抓，一個是要長期抓。如果不這樣抓，就會像溫水煮青蛙那樣，小病拖成大

病，從病在表皮發展到病入膏肓，最終無藥可治。儘管現在反腐敗已經取得階段性成果，但是依然要持續保持高壓態勢，「做到零容忍的態度不變、猛藥去疴的決心不減、刮骨療毒的勇氣不洩、嚴厲懲處的尺度不鬆，發現一起查處一起，發現多少查處多少，不定指標、上不封頂，凡腐必反，除惡務盡。」

這種堅強的意志還表現為力度上，不淺嘗輒止，不避重就輕。對於反「四風」，是「踏石留印、抓鐵有痕」，敢於硬碰硬；對於反腐敗沒有什麼「刑不上大夫」之說。習近平總書記反復強調：「任何人違反了黨紀國法，都要依法懲治，絕不能手軟」，「不管級別多高，誰觸犯法律都要問責，都要處理，我看天塌不下來」，「不能看人看地方下『菜碟』，對於領導同志工作過的地方，不能投鼠忌器，要全部掃描」等等，所有這些論述，不僅讓我們看到了中國共產黨人堅決反腐敗的堅強意志，更增強了全社會對反腐敗的信心，激發了全社會對反腐敗的參與熱情。

三、科學縝密的戰略部署

黨風廉政建設和反腐敗鬥爭是一項系統工程，需要統籌兼顧，需要把握好輕重緩急。科學的戰略籌畫可以事半功倍，能夠標本兼治。通過學習《論述摘編》讓我們對習近平總書記關於黨風廉政建設和反腐敗鬥爭戰略部署認識更深刻。

從嚴治黨從轉變作風入手。習近平總書記指出：「工作作風上的問題絕對不是小事，如果不堅決糾正不良風氣，任其發展下去，就會像一座無形的牆把我們黨和人民群眾隔開，我們黨就會失去根基、失去血脈、失去力量。」在作風建設上打一個殲滅戰，不僅可以有效遏制不良作風的蔓延，還可以為黨內其他一些問題的解決創造有利條件。從「八

項規定」開始，「抓了中秋節抓國慶日，抓了國慶日抓新年，抓了新年抓春節，抓了春節抓清明節、抓端午節，就這麼抓下去，總會見效的，使之形成一種習慣、一種風氣。」

不良作風背後是腐敗，隨著轉變作風取得階段性成果，反腐敗必然同步跟進。習近平總書記指出，反腐敗要堅持「老虎」「蒼蠅」一起打，既堅決查處領導幹部違紀違法案件，又切實解決發生在群眾身邊的不正之風和腐敗問題。

反腐敗要從治標走向治本，制度建設很重要。要把權力裝進制度的籠子，從「不敢腐」走向「不能腐」。習近平總書記講，「沒有健全的制度，權力沒有關進制度的籠子裡，腐敗現象就控制不住。」而且制度不能形同虛設，成為「稻草人」，形成「破窗效應」，「要把籠子紮緊一點，牛欄關貓是關不住的，空隙太大，貓可以來去自如。」

在重視制度建設的時候，習近平總書記特別突出紀律和規矩。習近平總書記反復強調「黨章就是黨的根本大法，是全黨必須遵循的總規矩」，強調「使紀律真正成為帶電的高壓線」，強調「遵守黨的紀律是無條件的」，要求我們回歸紀律的本質，紀律是鐵、紀律是鋼，紀律不能「商量著來」，紀律沒有「情有可原」，紀律不搞「下不為例」，紀律更不會「法不責眾」。

如何瞭解掌握制度紀律規矩的落實情況呢？用好巡視這把反腐的「利劍」，讓巡視組當好中央的「千里眼」「欽差大臣」「八府巡按」，並且特別指出，「巡視作為黨內監督的戰略性制度安排，不是權宜之計」。

四、固本培元的思想武裝

古代聖賢王陽明曾講過一句話，「破山中賊易，破心中賊難」。但

是只要破了心中賊，山中賊自然也就沒有了。腐敗現象同樣如此。破山中賊，解決「不能腐」是制度的強項，但要破心中賊，解決「不想腐」僅靠制度就不夠了，需要在精神與靈魂上做文章。

習近平總書記講：「反腐倡廉是一個複雜的系統工程，需要多管齊下，綜合施策，但從思想道德抓起具有基礎性作用。」思想教育要突出重點，這重點就是黨性和道德教育。習近平總書記指出：「理想信念就是共產黨人精神上的『鈣』，沒有理想信念，理想信念不堅定，精神上就會『缺鈣』，就會得『軟骨病』。」因此，「堅定理想信念，堅守共產黨人精神追求，始終是共產黨人安身立命的根本。對馬克思主義的信仰，對社會主義和共產主義的信念，是共產黨人的政治靈魂，是共產黨人經受住任何考驗的精神支柱。」

黨性修養不是一句空話，也不能是一句空話。一個人能否廉潔自律，最大的誘惑是自己，最難戰勝的敵人也是自己。一個人戰勝不了自己，制度設計再縝密，也會「法令滋彰，盜賊多有」。這就要求我們的黨員幹部「吾日三省吾身」，做到嚴以修身、嚴以用權、嚴於律己，謀事要實、創業要實、做人要實，把黨性修養持之為明鏡、內化為修養、昇華為信條。習近平總書記講，「我剛當幹部時就想明白了一個道理，魚和熊掌不可兼得，當幹部就不要想發財，想發財就不要當幹部。」有了這樣的覺悟，就可以耐得住寂寞，就能守得住清貧，就有了「金剛不壞之身」，就會「痛並快樂著」，再怎麼艱苦也是美的，再怎麼付出也是甜的。

第三節　中國特色反腐倡廉道路的三個要點

走中國特色社會主義道路，堅持中國特色反腐倡廉道路自然是題中應有之意，不斷探索、豐富、完善中國特色反腐倡廉道路也是每一個中國共產黨人責無旁貸的事情。

一、反腐倡廉要有一種理想主義

反腐敗是中西方政治發展都必須面對的問題，但由於不同的政治發展道路決定了其應對之策也不可能拿來主義。相對於西方政治的權力制衡理論而言，中國特色反腐倡廉道路更多是建立在政黨先進性與純潔性基礎之上，更注重的是「自我淨化、自我完善、自我革新、自我提高」。而在這樣的政治生態中消除腐敗，高揚共產黨人的理想主義是最基本的。

這種理想主義首先體現在對腐敗現象的「零容忍」，是就是是，非就是非，腐敗與廉潔如冰火同爐，如皂絲麻線。利用職權多拿一針一線與搬走金山銀山，在法律量刑上當有不同，但在判定腐敗與否上沒有差別。我們如果在對待腐敗問題上做不到旗幟鮮明，就會在社會中形成潛規則，就會在政治生活中出現「劣幣驅逐良幣」的現象。曾經有很多黨員幹部講過，如果你不腐敗，在一個已經腐敗的班子中不僅不能力挽狂瀾，甚至會孤家寡人待不住。這是一種多麼可怕的現象。

因此，在對待腐敗問題上，不要去講什麼大體與小節的關係、不要去講什麼主要方面與次要方面的權衡，不要去講什麼下不為例。在這裡

不講辯證法就是最大的辯證法。為了中國共產黨在人民中的形象，也為了真正中國共產黨人的榮譽，我們一定要用行動、甚至不惜是矯枉過正的行動，向全社會表明：中國共產黨就是與腐敗水火不容。在一些為群眾所關注的焦點問題上殺雞用牛刀，也是一種政治態度的宣示。旗幟鮮明的反腐敗態度與堅定的反腐敗決心雖然不是反腐敗工作的全部，但是反腐敗工作真正開始的第一步。

我們之所以能對這樣的理想主義有信心，這樣的理想主義之所以是現實的，是因為這種理想主義本就是根植於中國共產黨本質的。馬克思主義的信仰，共產主義的信念，全心全意為人民服務的宗旨，所有這些馬克思主義政黨的屬性決定了中國共產黨與腐敗是水火不容的。曾有一個腐敗幹部痛心疾首地說過一句話：只要是共產黨執政，腐敗來的錢財就永遠只能埋起來，而腐敗最痛苦的莫過於錦衣夜行。為什麼？這是因為對於中國共產黨來說，腐敗現象猶如「明珠蒙塵」，而不是「基因之癌」，只要「時時勤拂拭，勿使染塵埃」，依然是晶瑩剔透、光彩奪目的寶珠。

所以，中國共產黨消除腐敗現象首先要從心中做起，高揚政黨信仰，培育共產黨人覺悟，使每個黨員幹部自覺不去腐敗。王陽明曾講過一句話，「破山中賊易，破心中賊難」。但是只要破了心中賊，山中賊自然也就沒有了。腐敗現象同樣如此。

我們強調信仰與覺悟，絕非否定制度反腐的重要性。制度經濟學有一個很有意思的觀點，即意識形態也是制度中很重要的一個組成部分，人們對制度認可、認同的這種觀念意識，比如「覺悟」「忠誠」「奉獻」等觀念，可以很好地降低制度運行的成本，使得制度更易於實行、更有效率。

現在有些同志說，反腐不徹底是因為制度有漏洞，只要迅速及時補充法規內容，堵住制度漏洞，就會萬事大吉。這理論上聽起來好像能行

得通，但實踐中並非如此。而且就算這一環節解決了，還有更深環節的問題。制度哲學研究告訴我們，制度可以細化，但不可能無限制細化，也不能無限制細化。畢竟「制度」有個「度」在裡面，任何制度都不能抹殺掉人在遵循制度時的一定程度的自由裁量權。這也就是現在社會常說的「鑽制度空子」。

二、在「防」字上做大文章

中國共產黨雷霆萬鈞反腐敗，但並不把反腐敗取得的巨大成果當作一件高興的事情。黨員幹部因腐敗落馬，不僅是幹部本人的悲劇，也是我們黨的幹部隊伍的損失，就不用說因腐敗造成的社會財富損失了。如果通過科學有效的方式方法把「防」的工作做好，讓腐敗不再發生，也就不需要大動干戈去「反」了。

通過一系列的方式方法以及制度安排，超前化解權力運行過程中各類容易誘發腐敗的風險，使腐敗行為不發生或者少發生，這是反腐敗的治本之策，也是治理腐敗帶有規律性的經驗。黨的十六大以來我們多次強調，要在堅決懲治腐敗的同時，更加注重治本，更加注重預防，更加注重制度建設，講的也是對治理腐敗規律的認識。黨的十八大又一次重申注重預防的方針，強調防控廉政風險，其著力點也在於此。

「防」的直接效果是有效地「反」、反腐敗，但「防」的出發點與價值取向應該是「保」，保護黨員幹部。

事先的監督、風險的防控是一種關心、是一種愛護，是保護黨員幹部的重要手段。曾經有一個老同志講過一段話，道出了我們加強監督的良苦用心。大意是，我們現在的體制往往是當幹部掉到了坑裡，我們就把他抓起來，能不能在他掉進去之前，先把這個坑給填平呢？構建廉政風險預警機制，通過各種監督方式、各種監督途徑，把可能讓我們黨員

幹部掉進去的「坑」填平，或者至少在這些「坑」周圍設置明顯的標記與障礙。在我們的黨員幹部要走向「坑」前打招呼、提個醒，甚至必要的勸誡，這是對他們最大的保護，最真誠的關懷。

這「防」還體現在我們要仔細區分什麼是腐敗墮落的行為及其後果，什麼是改革探索中出現的失誤與錯誤。對於腐敗墮落的行為必須嚴肅執紀，不能縱容；但對於改革探索中的失誤一定要包容體諒。中國正處於深化改革的進程中，有很多全新的領域要拓展，全新的事情要摸索，如果黨員幹部沒有敢闖敢試的精神狀態，就不可能有改革的深化。而敢於改革的幹部往往是有個性、有鋒芒、有想法、有膽量的幹部，他們在闖的過程中、試的行為中不可能事事都對，件件都成。如果因為一時的失誤乃至錯誤就被打趴下，是不會有幹部去改革創新的。對這樣的幹部，我們一定要「保」。

從簡單的「反」到更加注重「防」，這也是我們紀檢監察部門職能和形象轉變的開始。現在我們的黨員幹部都願意組織部門找談話，害怕紀檢部門找喝茶。這跟我們傳統的行為模式有很大關係。其實，紀檢監察部門不僅要反腐敗，更要防腐敗，不僅要對腐敗分子雷霆萬鈞做鐵面包公，更要對黨員幹部和風細雨，未雨綢繆，做貼心的「保健師」，健康的「療養院」，為黨員幹部健康成長、廉潔工作保駕護航。現代社會的人都已經習慣定期去醫院體檢，我們的黨員幹部為什麼不能定期到紀檢監察部門「保養保養」。我們的紀檢監察部門應該把營造這樣一種氛圍作為新的工作增長點來做。

三、不搞群眾運動，但要勇於和善於動員群眾

人民群眾與中國共產黨黨員幹部根本利益一致性決定了人民群眾的監督是一種善意、良性、建設性的同體監督，與多黨輪流執政導致的惡

意、破壞性異體監督相比具有巨大的優越性，同時由於人民群眾與黨員幹部政治位勢的不同又使得這樣的監督具有極其的廣泛性、深刻性和無可逃避性。

群眾的眼睛是雪亮的，我們有些政府部門在公開「三公」經費時煞費苦心地把公布時間放在週末快下班時、把公布的內容放置於網站不顯眼的位置以期不引人注目，這些小伎倆、小算盤是不可能瞞過群眾的；群眾的智慧是無窮的，縱使一些部門不願意公布細節、不公布細節，群眾也能給你還原出細節來。當一個部門的公車經費超乎尋常的時候，群眾能算出原來它們的汽車竟然一個星期要換一次輪胎。「這車也太費鞋吧」，談笑間一針見血；群眾的力量更是不可限量的，我們一些部門據說也有很嚴格的「保密規定」以防範他們一些不想見人的行為被曝光，但卻總是按下葫蘆起了瓢。為什麼？很簡單，廣大的幹部職工就其根本屬性仍然是人民群眾。本來就生活在人民群眾的汪洋大海中，你還有什麼見不得人的祕密可保得住？

尤其在現代社會，隨著政治文明的進步，隨著科學技術的發展，當人民群眾對腐敗的監督通過新聞媒體而傳播、通過互聯網路而擴大的時候，其對黨員幹部腐敗行為的約束力就更大了。

那麼如何既動員群眾又不會變成搞群眾運動，這一法寶就是制度建設。我們要建立健全保護民主監督的制度，讓人民群眾敢監督；建立健全具有可操作性的監督實施制度，讓人民群眾能監督；建立健全民主監督的追究問責制度，讓人民群眾的監督真正管用等等。這一系列制度既是著眼人民群眾的，又是針對政府部門和黨員幹部的，通過這些制度的建立健全，使監督方和被監督方都有章可循，按章辦事，當可確保民主監督的正常有效運行。

第十三章　走向新時代

第一節　擁抱歷史新方位

　　深刻洞察、科學判斷、敏銳把握黨所處的歷史方位，在重大歷史關頭做堅定的選擇，在重要歷史機遇期做正確的事情，是中國共產黨從勝利走向勝利的一大法寶。

　　中國共產黨九十多年來的波瀾壯闊順應著歷史，也創造著歷史。習近平總書記指出，今天的中國社會「前所未有地靠近世界舞臺中心，前所未有地接近實現中華民族偉大復興的目標，前所未有地具有實現這個目標的能力和信心」。這「三個前所未有」在充分肯定中國共產黨治國理政所取得輝煌成就的同時，也清楚地表明當代中國社會和中國共產黨的歷史方位已經和正在開始了新的轉換。

　　中國共產黨要帶領中國社會從實現發展走向完善發展。經過六十多年的建設改革和快速發展，中國社會已經擺脫貧困、跨越溫飽，開始決勝全面小康，低層面、基礎性的發展也基本完成，可以階段性地點上一個漂亮的逗號。在歷史的新起點上，以經濟建設為中心沒有改變，但是中國社會不再也不能停留於單打一的經濟建設，「中心」要與「全面」並駕齊驅，發展重心要從狹義的經濟發展拓展到了政治、文化、社會、生態全方位的發展，要在繼續「實現發展」的同時更加注重「完善發展」。實現發展不易，完善發展更難。正如鄧小平同志當年指出的「發展起來以後的問題不比不發展時少」，甚至可能更複雜、更棘手。如何滿足人民群眾在精神文化、政治社會層面的更高期待，如何化解過去發展過程中積累下來的種種風險、消化日益凸顯的沉沒成本、撫平有些失衡的社會情緒，中國共產黨領導發展要有新理念。

　　中國共產黨要帶領中國社會從發展大國走向現代強國。快速發展讓中國社會已經毫無懸念地成為全球性大國，屹立於世界東方。「世界第

二」「世界經濟火車頭」「從沉睡中醒來的獅子」「國際博弈新玩家」等等這些稱謂與描述，正是對這一角色轉變的形象表達。但是，大國不是強國。如果說走向大國可以量的積累的話，成為強國必須實現質的突破，要科技強、制度強、文化強。中國社會在未來邁向強國的征程中是不可能複製當年走向大國的行為模式，通向大國的舊船票是不可能登上強國的客船。如何通過科技創新建設世界科技強國，如何讓中國特色社會主義制度更加成熟、更加定型，如何建設同中國國際地位相稱、同國家安全和發展利益相適應的鞏固國防和強大軍隊，如何提高國家文化軟實力、建設社會主義文化強國等等，中國共產黨治國理政要有新戰略。

中國共產黨要帶領中國社會從追隨趕超走向創新引領。毋庸諱言，中國社會過去近四十年處於一種追隨趕超的狀態，主要是通過不斷改革和不斷開放，向國際社會學習，以縮短發展差距，趕上時代步伐。如何在保證中國道路不走樣、中國制度不動搖、中國理論不放棄的原則下，適應、順應既有國際慣例與規則，在既有的國際關係格局中盡可能多地把對中國有益的經驗做法、機制模式拿來為我所用，是中國共產黨當年很重要的任務。但是隨著歷史演進時代變遷，倒不完全是中國走進了世界舞臺中心，世界格局需要也開始發生深刻變化。在這一輪新的世界格局重構過程中，中國經驗、中國智慧、中國方案不能再缺席也不應該再缺席。發出中國聲音、發出中國共產黨聲音，積極參與全球治理，營造更加公平正義、合作共贏的國際政治經濟新生態，中國共產黨有必要、有責任、也有資格。

當然，今日中國是歷史中國的繼續。我們在講「三個前所未有」的同時，一定還要講「兩個沒有變」：中國仍處於並將長期處於社會主義初級階段的基本國情沒有變，中國是世界上最大發展中國家的國際地位沒有變。擁抱歷史新方位，就是既要立足「沒有變」，咬定青山不放鬆；又要順應「已經變」，積極進取，有所作為。

第二節　光大政黨新自覺

中國共產黨是一個有高度歷史自覺的政黨。自覺到歷史方位的轉換，不斷變革、勇於創新；自覺到時代的召喚和人民的期待，不忘初心、繼續前進。

站在歷史新起點上，我們可以講在這所有一切的自覺中最為根本的自覺，是習近平總書記提出的「打鐵還需自身硬」，這是政黨其他自覺的前提和基礎。作為執政黨的中國共產黨、作為領導核心的中國共產黨如果連自身建設都搞不好，談何卓有成效的治國理政，如何能成為坐鎮中軍帳的「主心骨」。黨的十八大以來，中國共產黨全面從嚴治黨的一系列重大舉措正是用實實在在的行動來發揚光大這一歷史新自覺。

思想建黨，旗幟鮮明用當代中國馬克思主義塑魂補鈣。一個政黨區別於其他政黨的根本是信仰和主義，一個黨員區別於其他社會成員的關鍵是理想信念。因此，黨員首先要思想上入黨，政黨首先要從思想上建黨。「理想信念堅定，骨頭就硬，沒有理想信念，或理想信念不堅定，精神上就會『缺鈣』，就會得『軟骨病』。」「就可能導致政治上變質、經濟上貪婪、道德上墮落、生活上腐化」。試想，一個有著馬克思主義信仰的政黨會背叛立場去向對手搖尾乞憐，去向對手頂禮膜拜嗎？一個有著共產主義信念的人會用穿一身名牌戴幾塊名表來證明自己、會沉湎於燈紅酒綠樂不思蜀嗎？如何讓一個有著近九千萬成員的大黨在思想上立起來、強起來，必然、必須也當然是用馬克思主義中國化的最新成果、用當代中國的馬克思主義，也就是習近平新時代中國特色社會主義思想武裝頭腦。從黨的群眾路線教育實踐活動到「三嚴三實」專題教育再到「兩學一做」，中國共產黨做的就是一件事，思想建黨。

組織建黨，團結如一人的「總和」讓黨的力量倍增。列寧曾經指出，「黨應該是組織的總和，並且不是什麼簡單的算術式的總和，而是一個整體。」之所以能成為整體，祕訣在於「組織力」，組織能使力量倍增。中國共產黨不是因執政而有力量，而是有力量才執政，這力量很重要的一個方面就是來自黨的嚴密組織體系和強大組織能力。一個鬆鬆垮垮、稀稀拉拉的組織是不能幹事、也幹不成事的。如果黨組織像個大車店、大賣場一樣，想來就來，想走就走，還能有什麼核心力量。現代社會各種關係網絡眾多，各種組織形態交織，但對中國共產黨黨員來說，所有組織裡黨的組織是第一組織，所有忠誠裡對組織忠誠是第一忠誠，背離了這一點，對黨忠誠、對人民忠誠、對黨的事業忠誠就是空中樓閣。黨的十八大以來，中國共產黨下大力氣加強和規範黨內政治生活正是強化、優化政黨組織屬性的集中體現。不論是錘鍊黨性的「大熔爐」，還是純潔黨風的「淨化器」，其用力處與著力點都指向做實組織、做強組織，通過強化組織意識、組織體系、組織能力等等，讓中國共產黨成為「一塊整鋼」。

　　制度治黨，實現管黨治黨的科學化、規範化、常態化。管黨治黨當然要義無反顧，要雷霆萬鈞，要以高壓態勢讓消極腐敗不敢滋生，要以堅定意志讓陋習頑症心生忌憚。但是要讓管黨治黨融入日常、抓在經常，還是制度靠得住，常態化來自制度化。「欲知平直，則必準繩；欲知方圓，則必規矩。」沒有規矩不成其為政黨，更不成其為馬克思主義政黨。黨的十八大以來，中國共產黨依託《黨章》這一最大規矩、最高制度，本著於法周延、幹事有效的原則，認真總結黨的建設實踐經驗，及時地把比較成熟、普遍適用的經驗提煉上升為制度，一系列具有標誌性、關鍵性、引領性的法規制度陸續出臺。特別是強調把權力關進制度的籠子，讓制度、紀律成為帶電的「高壓線」，紀嚴於法、紀在法前等等一系列舉措，讓中國共產黨的制度治黨不僅力度斐然，更站上了先進

優秀的價值制高點。

　　毛澤東同志當年講，黨是人民的工具，做工具就要做好用的工具、做管用的工具。通過全面從嚴治黨百煉成鋼、百劫成聖，打造出推進偉大事業、進行偉大鬥爭進而實現中華民族偉大復興的「利器」，站在歷史新起點上的中國共產黨有自覺，更有行動。

第三節 發揚政黨新優勢

一個政黨能在歷史演進社會變革的大勢中永立潮頭，一定要有別的政黨沒有也做不到的獨門祕笈和制勝法寶。中國共產黨九十多年來攻堅克難、逢凶化吉，始終引領中國社會的發展大勢，在革命、建設、改革、發展各個階段都取得了輝煌成就，就在於她的政黨優勢。

中國共產黨的政黨優勢內涵很豐富，大致來說體現在以下五個方面，也就是習近平總書記反復強調的「五大優勢」。

——理論優勢的要義是理論的科學性和立場性。理論的科學性在於，當代中國共產黨人的理論，也就是中國化的馬克思主義，是對人類社會發展規律、社會主義建設規律和共產黨建設規律的科學反映、深刻把握和自覺遵循，不是烏托邦，更不是紙上談兵。理論的立場性在於，我們理論的出發點是站在最廣大人民群眾的立場上，我們的理論是為最廣大人民群眾的利益爭取與保障而吶喊、而辯護。

——政治優勢主要體現為我們政黨的精神優勢。毛澤東同志講過，「人是要有一點精神的」，政黨同樣如此。政治優勢是我們政黨遠大理想信念與務實奮鬥綱領的具體體現，是我們政黨奉行艱苦奮鬥、勤儉建國方針，堅持獨立自主、奮發有為、自強不息精神的集中體現。換一句話說，我們的政黨為什麼先進呢？因為她不僅有先進、遠大的信念，還有實現這一理想的強大精神動力和堅強的意志作風，也就是我們常說的「精」「氣」「神」。

——組織優勢是中國共產黨的戰鬥力所在。中國共產黨有八千九百多萬成員，精英薈萃，藏龍臥虎，他們都是經濟社會發展極其寶貴的人力資源財富，如何發揮這一資源的整體優勢、系統優勢，而不是僅僅成

為政治俱樂部、經濟托拉斯，要靠科學嚴密的組織系統。中國共產黨通過自己獨有的組織形式、組織制度、組織文化，把八千多萬黨員組成了一個富有戰鬥力、創造力、執行力的先鋒隊，用四百多萬基層黨組織形成了堅強的戰鬥堡壘。這也是馬克思主義政黨與其他政黨相比特有的組織優勢。

——制度優勢是一種把宗旨主義化為現實的能力優勢。民主集中制是中國共產黨制度優勢最突出的代表。對於一個政黨尤其對一個馬克思主義政黨來說，必須解決兩個問題：第一，要有高度的組織性、紀律性和堅強戰鬥力。來自什麼？來自高度統一的中央權威和令行禁止的嚴格紀律。既然成為中國共產黨的一員，就不能自行其是，唯我獨尊。第二，要能充滿生機、活力和創造力。來自什麼？來自黨內民主和黨內和諧。在共同的信仰下、在同一個理想中八仙過海各顯神通。中國共產黨的民主集中制，正是在充分民主基礎上的集中和在集中指導下民主的有機統一，這就正好把生機、活力和團結、統一結合起來。所以民主集中制是中國共產黨在迎接挑戰，面對風險的競爭中制勝的重要法寶之一。

密切連繫群眾的優勢是共產黨最大的優勢，這既是中國共產黨歷史經驗的總結，也是中國共產黨走向未來的生命之源、力量之源。中國共產黨為什麼要存在？說到底，就是為了保障和實現人民群眾的利益而誕生的。中國共產黨為什麼能強大、能發展？說到底，是人民群眾擁戴和支持她。如果沒有人民群眾的擁戴和支持，政黨人數再多也不過是杯水車薪，能夠有什麼力量？從這個角度來說，把密切連繫群眾稱作我們最大的優勢，是對中國共產黨本質的清醒認識。

我們提出這五大優勢，並不是對中國共產黨黨的建設要求另起爐灶，而是對我們黨一以貫之的黨的建設新的偉大工程這一主題不同側面、不同角度的闡述。因為，「五大優勢」其實是對中國共產黨政黨先進性從何而來的回答。政黨的先進性不是空談，也不是抽象說教，更不

是虛無縹緲的托詞，它必須用實實在在的行動來說明，必須有根深蒂固的基礎來支撐。中國共產黨之所以可以自信又自豪地向中國和世界宣告，我們的先進是有資源有資本的，就是因為我們有「五大優勢」。

但是當我們為我們政黨的五大優勢自豪的同時，也要保持高度的清醒與警覺。正如政黨的先進性不能一勞永逸一樣，政黨的優勢也不會一勞永逸。就算是一顆晶瑩剔透、光彩奪目的寶珠，長期不擦洗也會蒙上塵埃。如果我們面對長期執政的考驗，面對市場經濟的考驗，面對改革開放的考驗，面對外部環境的考驗昏了頭腦、把持不住，不能交出優異的答卷，精神懈怠的危險、能力不足的危險、脫離群眾的危險、消極腐敗的危險就會降臨。這就要求我們要認真研究總結保持政黨優勢的條件與要求，努力把它們體現在黨的建設的各個方面，做到「時時勤拂拭，勿使染塵埃」。

此外，政黨優勢需要堅守與呵護，更需要發揚與光大。而且隨著時代的演進，隨著社會的發展，政黨優勢也會呈現不同的時代特色。

第四節　擔當政黨新使命

　　中國共產黨自成立之日起就把實現中華民族偉大復興作為自己的歷史使命，堅定不移、矢志不渝，但是在不同的歷史時期，這一使命會與時俱進注入嶄新的內涵、呈現全新的形態、提出更高的要求。

　　再過三十年，中國將實現全面現代化，「兩個一百年」的奮鬥目標清晰地標注出當代中國共產黨人實現中華民族偉大復興中國夢的路線圖與時間表。加之以眾志成城的人民期待、實幹興邦的社會氛圍、風清氣正的政治生態，當代中國前所未有地接近實現中華民族偉大復興的目標，前所未有地具有實現這個目標的能力和信心。

　　中華民族偉大復興當然是中國社會和中國人民自己的事情，中國共產黨帶領中國社會「擼起袖子加油幹」是最根本的前提。但中華民族偉大復興同時是一個世界性的事件，是世界歷史進程中的華麗篇章，影響著世界又反映著世界。尤其是在世界連繫益發緊密，全球交流更加頻繁的大背景下，如果沒有公平正義的國際環境，沒有合作共贏的世界共識，沒有持續穩定的戰略機遇期，偉大復興勢必會遇到諸多掣肘。有道是，「萬物盡秋氣，一室難為春」。

　　因而，偉大復興從來不是、不會也不能獨善其身，而是在與世界同成長、與人類共進步中走向夢想。立足中國、放眼世界，情系中華、胸懷人類，更加積極主動地參加全球治理，更加堅定地發出「中國聲音」，把國內國際兩個大局統籌起來考慮，通過國內社會的繁榮進步推動國際社會的公平正義，通過國際社會的和平合作保障國內社會安全穩定，是實現偉大復興的必由之路。這不是中國共產黨人要告別韜光養晦，而是因時順勢主動作為的必然選擇與自覺擔當。在這一過程中，我

們不是以「力」壓人，而是以「德」服人。

中華民族偉大復興當然首先表現為是經濟政治的復興，但歸根結底是文化文明的復興。偉大復興最為偉大之處不在於靠經濟政治等硬實力改變世界格局，重塑世界形態，而在於用更好制度、更好道路、更好價值優化世界的選擇，拓展世界的可能，充實世界的希望。這不是我們的一廂情願，而是厚重的歷史事實、鮮活的實踐成果、深刻的規律把握讓「中國共產黨人和中國人民完全有信心為人類對更好社會制度的探索提供中國方案」。「硬實力」不必然會帶來「軟實力」甚至往往背道而馳，而「軟實力」遲早會轉化為「硬實力」並且不會太久。

為什麼中國社會能時空壓縮，用三十餘年跨越西方社會數百年的歷程實現「彎道超車」？為什麼在「西方之亂」蔓延難止的同時「中國之治」一枝獨秀？為什麼當西方社會害怕風吹雨打開始封閉保守退縮之時，中國卻扛起了全球化大旗熱烈擁抱陽光雨露？為什麼當西方社會拿著放大鏡到處去找「敵人」、找「異端」的時候，中國社會卻致力於打造「和而不同」的人類命運共同體，等等。這一切不是一種偶然，不是一時僥倖，支撐其後的是制度的優越、是文化的先進，是文明的輝煌。用當代中國馬克思主義來譜寫二十一世紀馬克思主義主旋律，用中華文明來塑造世界文明新圖景，這是中華民族偉大復興奉獻給世界、奉獻給人類社會最可珍貴的禮物，也是中華民族偉大復興之所以能做到「美美與共」「天下歸心」最偉大的力量所在。

當然，在目前西方社會總體實力尚處絕對優勢的背景下，在西方價值觀念和行為模式曾經和現在仍然能為他們帶來超額的資本增值和政治收益的背景下，加之「西方中心論」「歷史終結論」等各種思潮在西方社會浸淫多年，要讓中國社會這種代表新趨勢、新希望、新未來的制度模式、價值理念、文明形態立竿見影為西方社會所理解很不容易，所認同更不情願，所以我們要準備進行具有許多新的歷史特點的偉大鬥爭。

這些鬥爭可能不是直接表現為軍事鬥爭，甚至可能根本就不會關聯到軍事鬥爭，但其複雜程度、其艱難程度、其嚴酷程度絕不亞於軍事鬥爭。進行這樣的鬥爭，要講智慧、講技巧、講策略，更要講勇氣、講意志、講擔當，站在歷史新起點上的中國共產黨義不容辭，義無反顧。

中國共產黨的光明未來是一件很自然的事情

　　回顧中國共產黨的歷史是很有必要的。畢竟我們確實有很多的輝煌可以記憶，又有更多的偉大應該重溫。黨的十九大所講的「三大革命」堪稱人類發展史上驚天地、泣鬼神的壯麗史詩。

　　展望中國共產黨的未來更加重要。中國共產黨能否從輝煌走向更大輝煌，讓偉大越發偉大，讓光榮永遠屬於自己，取決於中國共產黨是否有著光明的未來。

　　有人說，你們共產黨人當然希望中國共產黨有一個光明的未來，但希望不是現實。此話不假。不過，我們在這裡要講的是，中國共產黨的光明未來並不只是建立在我們的希望之上，而是源於社會發展的客觀事實與根本趨勢，源於人們追求自由全面發展的歷史覺悟。

　　具體來說，有三個「自然的事情」讓我們對中國共產黨的光明未來高度自信：

　　——精英覺悟是一件很自然的事情，過去有、現在有、未來更多。

　　有人說中國共產黨是一個「山溝裡」的農民黨，對此我們並不回避。但「為農民」的黨，並不是主要由農民組成，只是在當年代表了農

民就代表了中國最大多數的人，組織起了農民就組織起了中國最大多數的人；中國共產黨是從山溝裡走出來的政黨，但並非沒有世界眼光，更不缺少文明意識，他們不僅睜眼看世界，更走向世界汲取人類文明進步的一切精華。

我們以中國共產黨成立之初為例。五十多個黨員絕大多數是有知識、有地位的「成功人士」，可以說是當時的精英。中國共產黨第一次代表大會十三個代表，七位有著海外留學經歷，四位與北京大學有緣。董必武工於律詩、書法，且通曉英、日、俄三種外語，法學造詣尤深。至於說黨的創始人「南陳北李」的李大釗與陳獨秀更是著名的大學教授。陳獨秀一個月的薪水高達六百多大洋，是當時普通人收入的數百倍之多。南昌起義時的朱德與賀龍早就是位高權重的一軍之長。

從表面上看，他們這些人的日常生活與工農大眾沒有太多交集，但這不僅不影響他們對工農大眾命運的關切，反而益發滋長了深深的情感；從表面上看，他們這些人在舊社會狀態中只要按部就班地往前走就是飛黃騰達，但這不僅沒有讓他們沉湎反而更加看透了所謂升官發財的虛妄與不正義。這就是精英的覺悟，這正是共產主義的發軔。精英的覺悟讓他們與自己的生活方式以及支撐自己生活方式的整個社會發展方式決裂而走向勞苦大眾，為了勞苦大眾的自由與解放而忘我奮鬥，這正是中國共產黨一以貫之的精魂所在。

隨著現代社會的發展，今日中國社會精英的數量與九十多年前相比遠遠不可同日而語，在他們之中湧現出一大批真正的共產主義覺悟者，這不僅不是什麼小概率事情，而是理所當然的常態。

覺悟的精英造就了政黨的光輝，政黨的光輝又吸引了更多的精英。目前，中國共產黨具大專及以上學歷黨員4103.1萬名，占45.9%。「半壁天下是精英」，中國共產黨怎不是一個精英薈萃的政黨？一個精英薈萃的政黨怎能沒有光明的未來？

——青年人信仰共產主義同樣是一件很自然的事情，青年是共產黨不竭的後備軍。

　　一個政黨的生命力在於它是否能有源源不斷的新鮮血液進入，政黨最新鮮的血液是青年。

　　青年人跟共產主義有一種天然的連繫，他們有理想、有追求，無世故、無算計，「公平正義」「一切人的解放」等等這些共產主義的理念最能觸動他們純真的心靈。面對這一客觀的事實，連西方人都有一句酸溜溜的話語：一個人二十五歲前不是共產主義者就沒有良知。當然西方人這句話還有後半句，但那後半句是否定不了共產主義價值的。如果把蠅營狗苟、患得患失當做有腦子，這樣的腦子也不是什麼好腦子。二十五歲後依然堅守共產主義信仰的青年朋友只需要對此說一句中國古語「燕雀安知鴻鵠之志哉」足矣。

　　中國共產黨發展的歷史是如此。毛澤東同志參加一大時只有二十八歲，周恩來加入共產主義小組時才二十三歲，鄧小平同志加入「旅歐中國少年共產黨」只有十八歲。據有關黨史專家測算，紅軍時期整個黨員的平均年齡在三十五歲以下。胡錦濤同志指出：「我們黨的創始人，一代又一代中國共產黨人，大多數都是從青年時代就滿腔熱血參加了黨，決心為黨和人民奮鬥終生。」這正是中國共產黨發展史的真實寫照。

　　中國共產黨的現實同樣是如此。三十五歲及以下的黨員2247.9萬名，占黨員總數的25.6%。二〇一〇年，據多數高校調查顯示，有入黨意願的在校大學生接近八成。

　　曾有些人士對中國共產黨現在和未來在青年中的影響力表示悲觀。他們的理由是八〇至九〇後的青年是沒有信仰的一代，連自己信什麼都搞不清楚，怎還會相信共產主義。不客氣地講，這不僅是睜眼說瞎話簡直還是污蔑。近些年來，我在大學裡給青年學生講過很多次沒有學分、不是必修的黨課，青年學生反響熱烈，他們那種熱忱、那種執著、那種

情懷，讓一些有著多年黨齡的共產黨人都汗顏。不是青年學生不接受共產主義，關鍵是我們能否在理論上做到徹底，在邏輯上做到一致，把真正的共產主義告訴給青年學生。

贏得青年也就贏得了未來。我們黨的隊伍裡始終活躍著懷抱崇高理想、充滿奮鬥激情的青年人，這是我們黨歷經九十多年風雨而依然保持蓬勃生機的一個重要保證。有著青春飛揚生力軍的中國共產黨怎麼能不是一個青春飛揚的政黨？一個青春飛揚的政黨怎能沒有光明的未來？

——社會變革更是一件自然的事情，大變革必然孕育並壯大有著「大變革」品格的政黨。

今天的世界，人類文明進步達到了前所未有的繁榮與強盛，但社會變革的呼聲之高，社會變革的願望之強烈也同樣前所未有，甚至連發達的美國也呼喚著變革。為了「改變」，美國人不惜選出一個黑人總統，就因為奧巴馬的口號是「Change」。

但是，這個世界小修小補是無濟於事的，東挪西借是顧此失彼的。發達資本主義國家內部是普遍富裕化了、甚至全體中產階級了，代之的是世界其他地區日益貧困化。美元量化寬鬆解決了美國內部金融危機的問題，卻把更大金融危機的後果傳輸給全世界；「自由貿易」把大量的資源輸往發達國家，看起來很合理合法溫情脈脈，但再溫柔的掠奪也仍然是掠奪。這一切都埋下了社會危機的種子。

世界政治經濟發展態勢讓我們看得越來越清楚，資本主義社會的窘態與頹勢已然頻頻浮現，根深蒂固的矛盾和與生俱來的痼疾非大變革難以超越、非新社會難以痊癒，否則全球性危機拜訪我們社會的間隔會越來越短。

這個世界需要被改變，這個世界也希望被改變。

揚棄一個舊社會，當然少不了先鋒隊；形成一個新社會，怎能沒有自己的助產婆？無論是彼時的「革命」還是當下的「改革」，打碎舊世

界，建設新世界是中國共產黨一以貫之的品格。這樣的品格為中國共產黨贏得了自己光明的未來。

在現有的社會情境下大力發展社會生產力，培育社會主義核心價值，加固社會主義從「初級」走向「高級」的經濟基礎、政治基礎、社會基礎，用民族復興、人民幸福展示社會主義的優越性，這樣的使命離開了中國共產黨又有什麼樣的政黨能承擔？肩負這樣使命的政黨的未來怎能不是一片光明？

有這三件「自然的事情」客觀的風雲際會，再加上政黨自身主觀的創先爭優，中國共產黨擁有光明的未來就更是一件很自然的事情了。

新社會主義研究叢刊 AA201016

大國核心

作　　者	辛　鳴
版權策畫	李煥芹

發 行 人	林慶彰
總 經 理	梁錦興
總 編 輯	張晏瑞
編 輯 所	萬卷樓圖書股份有限公司
排　　版	菩薩蠻數位文化有限公司
印　　刷	百通科技股份有限公司
封面設計	菩薩蠻數位文化有限公司

出　　版　昌明文化有限公司

桃園市龜山區中原街 32 號

電話 (02)23216565

發　　行　萬卷樓圖書股份有限公司

臺北市羅斯福路二段 41 號 6 樓之 3

電話 (02)23216565

傳真 (02)23218698

電郵 SERVICE@WANJUAN.COM.TW

大陸經銷　廈門外圖臺灣書店有限公司

　　電郵 JKB188@188.COM

ISBN 978-986-496-543-4

2020 年 2 月初版

定價：新臺幣 360 元

如何購買本書：

1. 轉帳購書，請透過以下帳戶
   合作金庫銀行 古亭分行
   戶名：萬卷樓圖書股份有限公司
   帳號：0877717092596
2. 網路購書，請透過萬卷樓網站
   網址 WWW.WANJUAN.COM.TW

大量購書，請直接聯繫我們，將有專人為您
服務。客服：(02)23216565 分機 610

如有缺頁、破損或裝訂錯誤，請寄回更換
版權所有·翻印必究
Copyright©2020 by WanJuanLou Books CO., Ltd.
All Right Reserved　　　**Printed in Taiwan**

國家圖書館出版品預行編目資料

大國核心 / 辛鳴著.-- 初版.-- 桃園市：昌
明文化出版；臺北市：萬卷樓發行, 2020.02
　　面；　　公分.-- (新社會主義研究叢刊；
AA201016)
ISBN 978-986-496-543-4(平裝)

1.中國共產黨 2.中國大陸研究
　　　576.25　　　　　　　　　109002147

《大国核心》©簡體中文版 2017 年 10 月第 1 版 人民日報出版社

本著作物經廈門墨客知識產權代理有限公司代理，由人民日報出版社有限責任公司授權萬卷
樓圖書股份有限公司（臺灣）出版、發行中文繁體字版版權。